RO

DIE ODER GLÜCKSTE VOR VERGNÜGEN

Bearbeitet von: Gisela Betke Nielsen
Illustrationen: Peter Bay Alexandersen

GEKÜRZT UND VEREINFACHT FÜR SCHULE
UND SELBSTSTUDIUM
Diese Ausgabe, deren Wortschatz nur die gebräuchlichsten
deutschen Wörter umfasst, wurde gekürzt und in der
Struktur vereinfacht und ist damit den Ansprüchen des
Deutsch Lernenden auf einer frühen Stufe angepasst.

**Dieses Werk folgt der
reformierten Rechtschreibung
und Zeichensetzung.**

Umschlagentwurf: Mette Plesner
Umschlagsfoto: County Studio, England

© 1988 by Verlag Ullstein GmbH Frankfurt/M. – Berlin
© Aschehoug A/S, 1994
ISBN Dänemark 87-11-09309-9

Gedruckt in Dänemark von
Sangill Grafisk Produktion

ROLF ULRICI
Der Verfasser wurde 1922 in Berlin geboren. Er war im 2. Weltkrieg Soldat in Afrika. Nach dem Krieg war er Dramaturg, Oberspielleiter und Journalist. Er gehört zu den international renommierten Jugendbuchautoren und mit seinen Jugendbüchern hat er den Deutschen Jugendbuchpreis gewonnen. Heute lebt er am Chiemsee. Er schrieb zahlreiche Romane, Fernsehspiele und Filmdrehbücher.

Der Brief roch nach Chanel. Ich roch daran und dachte nach. Fräulein Luthcher konnte nicht die *Ursache* sein. Sie hatte ein Parfüm, das nach Seife roch. Genau wie sie selbst: hygienisch und unerotisch.

»Es ist sicher der Bittbrief einer Mutter, die ihre Tochter zum Film bringen will. Oder sie möchte ein Autogramm haben«, sagte Fräulein Luthcher.

»Her mit dem Brief«, sagte ich ärgerlich.

»Der Absender ist eine Frau Schmitt«, sagte Fräulein Luthcher.

»Der Name Schmitt ist genauso gut wie jeder andere deutsche Name«, erklärte ich, »nur, dass er öfter vorkommt. Können Sie etwas dafür, dass Sie Luthcher heißen?«

»Hier ist der Brief. Absender: Frau Schmitt, geborene Percotta.«

»Percotta?«, schrie ich. Ich musste schreien.

»Wie konnte ich wissen, dass Ihnen die Dame so wichtig ist. Ich habe noch nie einen Brief von ihr gesehen«, sagte Fräulein Luthcher.

»Ich auch nicht, das heißt, vor zweiundzwanzig Jahren war es die wichtigste Person für mich. Oder die zweitwichtigste. Ich weiß es nicht«, sagte ich.

Ich las den Brief, der eine lange Korrespondenz zur Folge hatte:

Stuttgart ...

Sehr *geehrter* Herr Doktor! In einer Zeitung las ich Ihren Namen. Wenn Sie es sind, den ich meine, brauchen Sie nichts zu erklären. Sind Sie es nicht, brauchen

die Ursache, der Grund
geehrt, respektiert

Sie keine Antwort zu geben.
Raffaela Schmitt, geb. Percotta

Düsseldorf ...
Liebe Cotta! Ich bin es. Dein Mann wird mir nicht
böse sein, dass ich noch »du« zu dir sage. Haben wir
nicht zusammen am Straßenrand gelegen? Du hast die
Straßen sogar auf die Karte gezeichnet. Wie geht es
deiner Freundin Bibi? Ich sehe dich immer noch mit
ihr zusammen. Allein kann ich mir keine von euch
vorstellen. Und kannst du noch Rad fahren? Dein – ach
so, ich hieß ja – Rex

Stuttgart ...
Lieber Rex. Bibi ist tot. Auf der Flucht von Ostpreußen gestorben. Mehr weiß ich nicht. Mir geht es aber
gut. Ich bin Ärztin, habe einen Volkswagen und nicht
mehr ein Rad. Trotz der Radtouren mit Bibi und dir
konnte ich eigentlich nie gut Rad fahren. Und du?
Dick? Brille? *Glatze*? Mercedes? Du machst Filme in
Hollywood? Ich dachte, du wolltest Dichter werden.
Ich bin *geschieden*. Kein Talent zur Ehe. Mein Sohn
studiert in Tübingen. Cotta.

Düsseldorf ...
Liebe Cotta! Meine Sekretärin folgt mir überall hin.
Mit der Korrespondenz. Ich lese deinen Brief und von
Bibi. Ja, kann so etwas Lebendiges tot sein? Ich sehe
Bibi vor mir, wie sie ihr Eis aß und das Rad fallen ließ
und ein Mann darüber fiel. Dein Rex

die Glatze, der Kopf ohne Haare
geschieden, getrennt vom Ehepartner

Diesen Brief diktierte ich auf dem Flughafen meiner Sekretärin, als ich meinen Namen im Lautsprecher hörte.

»Schicken Sie das ab«, sagte ich. »Und noch eins: In meinem Schreibtisch liegen viele Zettel. Ein Manuskript. Schreiben Sie das ab und schicken Sie es an Frau Schmitt nach Stuttgart.«

1936 – Olympiadejahr. Juni in Berlin Grunewald. Im Haus von Tante Norma. Ich hatte Verwandtentag. Ich konnte nicht ohne die finanzielle Hilfe meiner Verwandten leben.

»Wer sind die Mädchen?«, fragte ich Tante Norma.

»Die kleine Percotta habe ich für drei Tage in Pension und Bibi ist ihre Freundin.«

So fing die Geschichte an.

Bibi und Cotta, sechzehn und siebzehn Jahre alt, saßen in einer Ecke. Bibi sortierte ihre *Zöpfe*, links, rechts ... links, rechts. Sie *kicherten* kkkkk ... ttttt ... ppppp ..., bogen sich vor Lachen und verschwanden. Beim Kaffee *stibitzte* Gotta für Bibi Eis.

⟵ der Zopf

kichern, lachen
stibitzen, stehlen

Ich fragte: »Darf ich auch etwas hinzutun?«
»Bitte?« Zwei Gesichter kamen über den Blumen hervor. Augen: cottagrün und bibiblau. Völlige Neutralität. Der Wechsel war immer ganz schnell.

Da begann Onkel Köffbauer mit seinem Vortrag: »Der Reichspräsident ...« Er sagte »Reiß-präsident, ein scharfes S. Beim ersten Mal ging es noch. Beim zweiten Mal nicht so gut und auf das dritte »Reiß« warteten wir schon gemeinsam, wie ein Dreieck über den Blumen hinweg. Als der Onkel es dann herausdonnerte, war es zu viel. Ich bekam meinen Zigarettenrauch in den Hals und Cotta und Bibi verschwanden hinter dem Tisch, rannten auf die Terrasse und dann hörte man ein *Kreischen* wie auf dem Bahnhof von einem Zug. Ich

| *kreischen*, laut lachen, schreien

fand die beiden Mädchen im Nachbargarten. Wir gingen am See spazieren, Cotta links, Bibi rechts. Ich in der Mitte.

»Meine Freundin Barbara Rufus«, sagte Cotta. Sie gaben mir die Hand. Sie gingen jetzt sehr ruhig. Sie hatten ihre erwachsene Minute. Aber da war eine merkwürdige Telegrafie zwischen den beiden. Mitten im Gespräch hielt Bibi ihren Kopf nach vorn und sah Cotta an. Und Cotta hielt auch den Kopf nach vorn und sah Bibi an. Dann sah Bibi auf den See und sagte: »Jetzt sind ja bald Ferien.«

»Wohin fahren Sie denn?«, fragte ich.

Bibi sah wieder nach vorn und zu Cotta. Cotta sagte: »Spreewald.«

»Ja«, sagte Bibi.

»Sie fahren also zusammen?«

»Ja, mit dem Rad.«

»Spreewald ist ganz schön«, meinte ich, »ist aber etwas für den Herbst.«

»Cotta isst gern Spreewald*gurken*«, sagte Bibi.

Es war die Zeit der Radtouren. Auch ich wollte mit dem Rad weg und sagte: »An die Ostsee.«

»Allein?«, fragte Cotta.

»Ich will schreiben. Ein Drama, 'Der sterbende Cäsar'«, sagte ich.

»Na ja«, sagte Bibi. »Wenn Sie schreiben, müssen Sie allein fahren. Ostsee ... ach ja. Prima. Schwimmen ... Kann man im Spreewald schwimmen?«

die Gurke

Um von etwas anderem zu sprechen, sagte Cotta: »Du wolltest doch noch Kuchen, Bibi.«

Ich bot mich an, Kuchen zu holen. Ich ging und holte ihn. Als ich zurückkam, sagte ich: »Wünschen Sie sonst noch etwas?«

Bibi sah sich um und sagte: »Ach ja, vielleicht die Wetterfahne vom Dach.«

»Du bist verrückt«, sagte Cotta.

»Warum? Er hat ja gefragt.« Dann sah sie zum Dach hinauf. Ich kletterte über drei Hintertreppen. Das Haus hatte viele Dächer. Aber ich konnte die Wetterfahne nicht abmontieren. Ich sprang in den Bodenraum zurück. Dort lag die alte, ausgewechselte Fahne. Ich nahm sie unter den Arm und brachte sie Bibi. Mit Siegesblick sah Bibi auf Cotta und Cotta sagte: »Na ja, es ist ja das Haus Ihrer Tante. Da können Sie etwas abmontieren.«

Ich sagte: »Ich dachte, wenn ich die Wetterfahne hole, fahren Sie vielleicht doch mit an die See.«

»Wer? Bibi?«, rief Cotta wie aus einer Pistole.

»Nein, beide«, sagte ich. »Beide natürlich.«

Bibi warf die Zöpfe über die Schulter und die Wetterfahne in den See. Dann sagte sie: »Klar!«

Die Tante rief uns zum Abendessen. Nach dem Essen gingen wir wieder nach draußen. Bibi und Cotta warteten im Dunkeln und Bibi sagte: »Also, Cotta will mit an die See fahren.«

»Du willst«, sagte Cotta.

Nach längerer Debatte entschieden sie, dass sie beide mitfahren wollten.

Die Tante rief von der Terrasse. Die Mädchen gaben mir die Hand und sie versprachen mir anzurufen.

Ich hatte gelogen. Ich schrieb kein Drama, sondern eine Kindergeschichte. Sie hieß »Klein-Willi mit dem großen Hut«.

Ich wohnte bei einer alten Frau.

»Da ist ein Heinz am Telefon.« Das sagte die Frau eines Tages. Es war Cotta. Sie hatte sich mit »Heinz« gemeldet.

»Können Sie gleich zum Bahnhof Westkreuz kommen?«

Ich lief zum Bahnhof und als ich auf den Bahnsteig kam, sprangen Bibi und Cotta aus dem Zug.

»Also«, sagte Cotta, »wir fahren an die See. Wollen Sie mit?«

Ach so. So war das. Eine neue Erklärung. Aus Gründen des Stolzes.

»Na, wir dürfen doch nicht zusammen fahren. Cottas Vater ist sehr streng«, sagte Bibi erklärend.

Der Zug kam, sie stiegen ein und weg waren sie.

Die Reise wurde vorbereitet: an Ecken, auf Parkbänken oder Mauersteinen. Cotta hatte immer ein Notizbuch mit und Bibi hatte meist ein Eis in der Hand. Bibi war überglücklich: »Ach, heute in fünf Tagen. Fahren wir auch an den Werbeliner See? Da schwimme ich und wo kommen wir an die Oder? Da schwimme ich auch.«

»Du kannst ja gleich von hier aus schwimmen«, sagte Cotta. »Dann brauchst du bis zur Ostsee nicht aus dem Wasser zu gehen.«

So, nun war alles fertig geplant. Übermorgen früh ging es also los. Ecke Leipziger Straße. Mit Rad.

Der Morgen war voller Wunder. Wirklich. Als ich richtig zu mir kam, war ich mit Bibi und Cotta schon unterwegs. Charlottenburger Chaussee, Siegessäule, Brandenburger Tor – das alles lag längst hinter uns. Bibi auf einem Damenrad, Cotta auf einem Rennrad von ihrem Bruder.

Vor dem Berliner Schloss fiel Cotta zum ersten Mal hin. Bibi sprang von ihrem Rad und erklärte: »Cotta ist hingefallen.« Bis Bernau fiel Cotta aber nicht mehr. Und so saßen wir in Bernau in einem Gartencafé. Ich trank Kaffee, Cotta studierte die Karte und Bibi trank Milch. Es hatte schon einen kleinen Ärger gegeben. Bibi hatte ihr Rad an meines gestellt, obwohl es doch ganz gut woanders gestanden hätte. Cotta hielt das für eine Provokation. Da ging Bibi hin und stellte Cottas Rad an meines, worauf Cotta ihr *einen Vogel zeigte*. In Biesenthal kaufte Bibi ein Eis. Dabei fiel ihr das Rad aus der Hand.

»Vooorsicht!«, schrie Cotta.

Zu spät. Ein Radfahrer fuhr darüber hin. Es gab ein Chaos von Beinen. Der Mann stand aber auf. Ich gab ihm eine Mark für das kaputte Rad und ein paar Zigaretten für den Schreck. Bibi aß ihr Eis und ließ sich Cottas Donnerwetter gefallen.

In Spechthausen ein Restaurant. Bibi wollte etwas trinken. Da drinnen waren viele Kellner und kein Gast. In der Küche roch es nach Essen. Wir wollten aber nur etwas trinken. Bibi fragte den Piccolo, ob man hier sein Brot auspacken konnte. Schweigend servierte der Kell-

---

einen Vogel zeigen, den Finger an den Kopf legen um zu zeigen, dass der andere verrückt ist ner die Bouillon und stellte sich gelangweilt an die Wand. Bibi trank ungeniert ihre Bouillon. Einmal drehte sie sich um. Sofort, wie eine Katze, stand der Piccolo neben ihr.

»Kann man hier seine Brote essen?«, fragte Bibi.
»Butterbrote?«, fragte der Piccolo.
»Ja, meine eigenen«, sagte Bibi. »Die, die an meinem Fahrrad hängen.«

Der Piccolo sah durchs Fenster auf die Räder, die an den Bäumen standen. Dann lief er los. Er kam mit dem Proviantpaket zurück. Es war aber Cottas.

»Das macht nichts«, sagte Bibi, »ich esse auch gern Cottas Brote.«

Doch das wollte der Piccolo nicht. Er rannte zum zweiten Mal in den Garten und brachte das richtige Paket und Messer und Gabel und eine Stoffserviette.

Dann sah der Piccolo zu, wie wir abfuhren. Plötzlich sah ich Bibi mit Piccoloaugen an. Da war sie noch hübscher als mit Dichteraugen.

Weil ich noch von der vorigen Nacht müde war, suchten wir uns einen Platz im Wald. Umgeben von *Faltern* und *Mücken* und von Gras und Bibis Rock legte ich mich auf den Boden. Das Heft mit dem Etikett

der Falter

die Mücke

»Der sterbende Cäsar« hatte ich offen hingelegt. Sie sollten sehen, dass sie wirklich mit einem Dichter fuhren. Im Text hatte ich »Klein-Willi« mit dem Wort »Cäsar« verändert. Für alle Fälle. Doch ich hatte nicht damit gerechnet, dass Bibi das Heft sofort an sich reißen würde.

Im Halbschlaf hörte ich neben mir: »Der Dichter schläft«, sagte Bibi leise.

»Was hast du da?«, fragte Cotta.

»Will nur mal sehen«, sagte Bibi. »Vielleicht ist etwas von Liebe drin. Es interessiert mich, wie sich unser Rex die Liebe vorstellt.«

Von da an hieß ich nur noch Rex.

»Leg das Heft hin!«, befahl Cotta.

»Gleich. Hör nur mal, das ist so komisch. Warum sagt der sterbende Cäsar: In meinem Hut sind Eier?«

»Ach, das ist symbolisch«, erklärte Cotta.

»Aber jetzt tritt er vor das Publikum und sagt: Passt schön auf, liebe Kinder.«

»Wer?«

»Der sterbende Cäsar.«

»Du weißt eben nicht, wie Dichter arbeiten«, erklärte Cotta.

»Hm«, machte Bibi und legte das Heft hin. Die Gefahr war vorbei. Aber der Schreck hatte mich wach gemacht. Ich hielt es für besser den »Sterbenden Cäsar« wegzupacken. Wir fuhren weiter.

Ein schrecklicher Hund verfolgte uns. In der Kurve stand er schon vor uns. Es war der hässlichste Hund, den man sich denken konnte.

»Unser Lehrer sagt, in der Natur ist alles richtig«, rief Cotta. Dabei stieß sie gegen mich, ich gegen Bibi, und so hatten wir einen Massensturz.

»Mein Schuh«, schrie Bibi. Der stand ganz allein zwischen uns und dem Hund. Das Tier erkannte seine Chance. Mit spitzen Ohren kam es heran. Bibi konnte gerade noch ihren Schuh bekommen. Eine verlorene Klingelhälfte ließen wir liegen. Und so, auf der Flucht vor dem Hund, kamen wir sehr schnell nach Eberswalde.

Und weiter nach Angermünde. Aber da machte Cotta *schlapp*. Bibi hielt einen Lastwagen an und sprach mit dem Fahrer. Der junge Mann war glücklich sie mitnehmen zu dürfen. Er dachte, Bibi wollte mitfahren. Als er Ja gesagt hatte, kam Cotta. Aber das *bestürzte* den jungen Mann, denn er fand Cotta *unnahbar*.

»Das mache ich immer so, wenn ich für meine hässliche Tante einen Platz in der Bahn suche«, sagte Bibi.

Cotta warf Bibi einen bösen Blick zu, ließ das Rad auf den Wagen heben und Cotta verschwand im Wagen. Das war das erste Mal, dass ich mit Bibi ein paar Kilometer allein war. Bibi sagte nicht sehr viel. »Da ist ein Huhn« oder »Noch immer keine Wolke« oder »Wo Cotta nur mit dem Wagen bleibt«. Das war alles. »Hoffentlich ist ihr nichts passiert«, sagte sie noch.

»Vielleicht hat sie sich in den jungen Mann verliebt.«

»Cotta verliebt sich nie«, sagte Bibi. Ihr Blick fiel auf einen See. Da lag ein Boot. Bibi setzte sich sofort hinein. Wir warteten. Ein hübscher Warteplatz. Wir nannten den See den »Cotta-Wartesee«.

schlapp, müde
bestürzt, erschrocken
unnahbar, sehr zurückhaltend

Endlich, nach langer Zeit, kam das Auto mit Cotta. Der junge Mann hob das Rad herunter und *verabschiedete sich* kalt von Cotta. Dann fuhr er schnell weiter.

»*Anbändeln* wollte er«, sagte Cotta. Er fragte, ob ich nicht ein bisschen nett sein wollte.

Bibi sagte nur: »Aha!«

Der junge Mann tat mir Leid. Ich dachte, jeder junge Mann hätte wohl gern einmal ein nettes Mädchen wie Cotta ...

Aber da kam der Hund. Er bekam die Reste unseres Proviants. Er war traurig, dass wir ihn nicht mithaben wollten. Mit einem Butterbrot zwischen den Zähnen *jaulte* er uns nach. Aber er durfte nicht mit. Er musste bleiben. Wir kamen nach Schwedt, als die Schatten schon lang waren.

»Ich kann nicht mehr«, sagte Cotta.

»Da kommt doch gleich wieder ein Ort«, sagte ich. »Eine richtige Stadt an der Oder. Sicher ist da ein Wirtshaus, schön kalt am Ufer, wo wir bleiben können.«

»Gartz?«, fragte Bibi. »Liegt das nicht in Österreich?«

»Die Stadt heißt nicht Graz, sondern Gartz. Kommen Sie Cottachen.«

»Ich bin nicht Cottachen«, sagte Cotta und blieb auf der Straße sitzen.

»Dann fahre ich mit Bibi allein weiter«, sagte ich.

Doch Bibi zeigte sich jetzt kameradschaftlich und setzte sich neben Cotta.

---

sich verabschieden, auf Wiedersehen sagen
anbändeln, mit einem Mädchen in Kontakt kommen wollen
jaulen, weinend schreien

Ich machte eine ironische Bemerkung gegen die Frauen. Cotta stellte ihr Rad wieder hoch und machte eine ironische Bemerkung gegen die Männer und für die Frauen.

»Schwachheit, dein Name ist Weib«, sagte ich. Da saßen die beiden schon wieder auf den Rädern und wir fuhren weiter. Bibi kam triumphierend an mir vorbeigefahren. Platsch, da lag sie!

Und nun sahen wir die hübsche Landschaft: Korn, Himmel, Kirchtürme. Viel Grün wuchs in der Stadt. Es war der schönste Anblick des Tages. Pommern begrüßte den Wanderer. Vor Müdigkeit fielen wir von den Rädern und gingen in ein Gasthaus. In der dunklen Gaststube hatten wir die Augen noch voll von Sonne. Wir sahen den Schatten einer Wirtin.

»Frau Wirtin, holen Sie uns, bitte, den besten Wein!«

Aber wir waren nicht an der Mosel, wir waren an der Oder. Hier war nichts mit Wein.

»Duschen!«, rief Bibi.

»Wasser!«, rief Cotta.

Bibi und Cotta duschten und ich kühlte mich mit Bier und saß schweigend mit drei Männern mit Bärten. Die drei Bärte saßen in den anderen Ecken.

Wir hörten Bibi und Cotta im Keller vor Vergnügen schreien. Im ganzen Haus konnte man sie hören.

Da sagte einer der Bärte: »Jo, jo!« Aus den Ecken kam das Echo: »Jo!« In den paar Worten lag ein ganzer Roman, eine Welt von tausend Seiten. Jugendzeit, Erinnerung stieg in die Bärte. Ein Mann fragte mich, woher wir denn kämen. Berlin? Na, hier gibt's nicht viel

---

| *das Weib*, die Frau

zu sehen für Berliner. Dann waren sie still. Nur die Uhr hörte man. Und in die Stille stürzten Bibi und Cotta herein, frisch gebadet, und sie brachten frische Luft und gute Laune in die Gaststube. Einhundertzwanzig Kilometer hatten sie vom Körper gewaschen. Sie taten, als hätten sie das Wasser erfunden. Die Bärte freuten sich.

»Na, dann kommen Sie mal in die Küche und machen Abendbrot«, sagte die Wirtin.

Cotta und Bibi wuchsen aus den Holzbänken hervor und verstanden nichts. Der eine Bart half und sagte: »Sie weiß nicht, was Ihnen schmeckt. Sie sollen sich selbst etwas machen.«

Die Mädchen fanden sich in ihre Rollen. Cotta machte Creme und Bibi den Salat. Plötzlich sah Bibi ein Wandtelefon. Mit fliegenden Zöpfen lief sie hin und nahm das Telefon. »Hier spricht der Schweinebraten aus Gartz an der Oder.«

»Du sollst die Wurst schneiden!«, rief Cotta. Sie sandte mir einen Blick zu, der sagen sollte: Nein, dieses Kind! Aber dann bog sie sich selbst vor Lachen halbtot. Da konnte man nichts machen. Sie hatten ihre Lach-*kolik* und sie mussten sich erst einmal beruhigen. Cotta erholte sich, die Lachtränen noch auf dem Gesicht.

Bibi sollte Wurst schneiden, fand aber kein Messer.

»Aber doch nicht mit der Brotmaschine, Bibi!«

Die Wirtin kam herein und bekam einen Schrecken: »Was machen Sie denn da? Haben Sie denn zu Hause keine Küche?«, fragte die Wirtin.

»Doch«, sagte Bibi, »aber hier ist alles so furchtbar groß.«

| *die Kolik*, plötzliches Auftreten

Die Wirtin gab ihr eine Schüssel und schickte sie zu den *Erdbeeren*. Ich ging mit.

»Aber passen Sie auf, dass auch ein paar Beeren in die Schüssel kommen«, rief Cotta hinter uns her.

5   Im Garten – ohne Cotta – war Bibi gleich wieder ernst. Wir füllten die Schüssel und sahen ab und zu auf die Oder.

»Wenn man bedenkt«, meinte Bibi, »die fließt immer hier vorbei.« Das war eine typische Bibi-Bemer-
10   kung. Sie warf einen Blick nach der Küche und brachte mir eine »besonders schöne« Erdbeere.

»Gut?«, fragte sie.

»Vor allem der Sand«, sagte ich.

Dann suchte ich Erdbeeren für Bibi. Wir brachten
15   uns die ausgewählten Erdbeeren gegenseitig. Sehr unpraktisch.

»Aaaabendbrot ...!«, rief Cotta aus der Küche. »Na, habt ihr auch ein paar Erdbeeren in der Schüssel?«

»Alle.«, sagte Bibi und Cotta machte nur »Ha!«

20   Beim Festmahl waren Qual und Fahrräder vergessen. Frische und Reiseglück in der Brust. Der Salat war gut, die Bärte *schmunzelten* und die Wirtin freute sich, dass Cotta der Fisch gelungen war. Sie nahm uns, wie wir waren. Merkwürdige Vögel aus fremden Ländern.
25   Da saßen wir und aßen die Erdbeeren und die Fische

die Erdbeere

| *schmunzeln*, breit und still lachen

von Gartz. Ab und zu ein bisschen Unterhaltung der Bärte. Immer nur ein bisschen. Sie warfen sich die Worte zu.

Nach dem Essen telefonierten Cotta und Bibi mit Berlin. Sie würden noch mitteilen, wohin ihre Koffer geschickt werden sollten. Das Wetter sei prima. Und von mir natürlich kein Wort.

Und dann sahen wir uns unser Zimmer an. Ein Zimmer im ersten Stock mit vielen Fenstern. Die Zweige von den Bäumen schlugen an das Glas. Dahinter war die Oder. An der einen Wand des Zimmers stand ein breites Bett – für Bibi und Cotta. Am anderen Ende war ein Sofa für mich. Die Wirtin schob eine künstliche Wand dazwischen. Diese Wand teilte den Raum korrekt in zwei getrennte Zimmer. Bibi wollte sich ausruhen. Ich ging mit Cotta an die Oder. Cotta ging mit verkreuzten Armen. Auf einer Brücke fragte Cotta:

»Wie finden Sie eigentlich Bibi?«

»Sehr nett!«, sagte ich.

»Also, sehr nett«, sagte Cotta. »Bibi ist sehr nett. Interessant, wie ein Mann das sieht.«

»Sehen Sie es anders?«, fragte ich.

»Na, doch wohl. Ich meine, es ist ein Unterschied, wenn ein Mann »sehr nett« sagt. Bibi ist ein Naturkind, nicht?«

»Und Sie?«

»Ich? Ernster, viel, viel ernster. Oder finden Sie nicht?«

Ein Blick. Es war kein Schulmädchenblick, das merkte man.

»Bibi ist so lebenslustig«, sagte Cotta.

»Sie nicht?

»Na, ich bin ein anderer Typ, nicht?«

Nicht? Das hieß: Sagen Sie mir, bitte, wie ich bin!
Ich rauchte. Das Streichholz sah man im Dunkel. Ich
hätte sagen sollen, dass Cotta schön sei. Zum Angstha-
ben schön.
»Machen Sie mal ein bisschen Rauch, wegen der
Mücken!«

Ich tat es, aber ich blieb, wo ich war. Für Bibi hatte
ich eine Wetterfahne von Tante Normas Dach geholt.
Was, wenn Cotta jetzt auch eine Wetterfahne verlangt
hätte ...?

Vorsicht, alter Freund. Was denkst du dir? Ihr seid
eine Reisegesellschaft. Vergiss das nicht!

Und Cotta – zwei Schritte entfernt – stand wie am
anderen Ufer. Fremdheit, wie Bibi Nähe war. Wir gingen zurück.

Am nächsten Morgen ließ Cotta durch Bibi sagen, sie
habe *Muskelkater*.

»Der Kopf tut ihr weh, wenn sie nur an das Radfah-
ren denkt«, erklärte Bibi. Der Kopf. Also blieben wir
am Ort und gingen schwimmen. Das Schwimmbad war
am anderen Ufer der Oder. Ein bisschen Wald, ein
bisschen weißer Sand, dahinter die Landschaft. Hinter
der Brücke blieb die Stadt hinter uns zurück.

Nirgends ein Mensch. Es sah so aus, als hätten sich
alle Einwohner in den Kornfeldern versteckt.

Und abends gingen wir in die Stadt. Bibi hatte
einen merkwürdigen Sinn für Eiscafés. Mit Sicherheit
ging sie zu einem Eiscafe am Rand eines Platzes.

In der Stadt war ein Zirkus und ich lud die Zirkus-

| *der Muskelkater*, der Schmerz in den Muskeln

prinzessin zu einem Spaziergang ein. Allein – ohne Bibi und Cotta. Als ich wieder zu Bibi und Cotta zurückkam, waren sie beide sehr böse auf mich und wir hatten einen hässlichen Streit. Spätabends gingen wir zurück zum Gasthaus. Ich ging vor den beiden her. Wortlos, wortlos durch die Nacht. Aber plötzlich hörte man die Gartzer Kirchturmuhr in der Ferne läuten. Ich blieb stehen. Weiß der Himmel, wohin wir liefen. Der Heimweg war das jedenfalls nicht. Wir gingen schon über zehn Kilometer.

»Bitte, klettern Sie doch mal auf den *Wegweiser* da«, bat mich Cotta.

Ich tat es und bemerkte: »Wir sind auf dem Weg nach Tantow.

»Tante ... was?«, fragte Bibi.

»Tantow. Die Bahnstation für den Berlin-Stettiner Zug. Wir müssen entgegengesetzt laufen.«

Also liefen wir entgegengesetzt. Die beiden jetzt vor mir her. Es war zwei Uhr und auf der anderen Seite war es schon hell, als wir in dem Gasthaus ankamen. Ein früher Vogel sang im Garten. Ein paar Fischer fuhren schon aus. Schweigend zogen sich Bibi und Cotta hinter die Schiebewand zurück.

»Gute Nacht!«, rief ich.

Keine Antwort.

»Angenehme Ruhe!«

Tiefste Stille.

Da wusste ich, dass es einen schlimmen Tag geben würde.

| *der Wegweiser*, das Schild am Weg

Der nächste Tag begann mit einem *unheilvollen* Symptom. Als ich morgens in der Waschküche stand, kam keine Bibi um mir heißes Wasser durch die Tür zu geben. Ich rasierte mich kalt. Ich dachte über meine Chancen nach. Vielleicht eine Diskussion? Schließlich, die beiden waren Schulmädchen, ich war ein erwachsener Mann. Mit ein wenig Diplomatie müsste ich es schon schaffen. Ich ging in die Gaststube. Bibi und Cotta saßen schon beim Frühstück.

»Guten Morgen«, sagte ich.

»Guten Morgen«, antwortete Bibi höflich. Cotta trank erst Kaffee und dann sagte sie auch: »Guten Morgen, Rex.«

Also hatten sie den Streit überschlafen und beschlossen den Zwischenfall aus der Welt zu schaffen. Gut für mich. Ich setzte mich und aß ein Brötchen.

»Es wird Gewitter geben«, sagte ich.

»Ich hoffe nicht«, meinte Cotta, aus dem Fenster blickend. »Bibi und ich fahren heute zurück nach Berlin.«

Das war natürlich eine *Finte*. Eine Taktik um mir Angst zu machen.

»Na, dann gute Fahrt«, *murmelte* ich.

Aber sie meinten es ernst. Das Gepäck stand schon fertig in der Ecke.

»Aber«, sagte ich, »... man hätte mir doch eine Chance geben sollen.«

»Man gibt Ihnen die Chance über Ihre Ferien selbst zu bestimmen.«

---

unheilvoll, voller Gefahr
die Finte, die gedachte Wahrheit
murmeln, in sich hineinsprechen

Es nutzte nichts. Kein Bitten. Nichts. Da saß ich nun und dachte nach. Ich musste Zeit gewinnen. Die Räder mussten verschwinden. Ich lief in die Garage, griff schnell Bibis Rad – eines war ja genug – und brachte es zur Oder und warf es ins Wasser.

So, jedes Mittel war recht. Die Ferien durften nicht verloren gehen.

Als ich vom Garten wieder ins Haus kam, ging Bibi gerade durch die Tür.

»Cotta, Cotta, mein Rad ist weg!«
»Unsinn.«
Doch sie ging mit uns hinaus und überzeugte sich davon, dass Bibi Recht hatte.
»Ach«, sagte die Wirtin, »bei uns kommt nichts weg.«
»Rex bleibt ja sowieso hier, der kann sich darum kümmern«, meinte Cotta. »Ich wollte ihn sowieso bitten unsere Räder *aufzugeben*.«
»Aufzugeben?«, fragte ich.
»Ja, wussten Sie denn nicht? Wir fahren doch mit der Bahn.«
Mit der Bahn! Daran hatte ich allerdings nicht gedacht. Alles Weitere ging beängstigend schnell. Ich half ihnen das Gepäck zum Bahnhof zu tragen und kaufte eine Fahrkarte nach Tantow, wo sie in den Stettin-Berliner Schnellzug umsteigen mussten.
»Darf ich Sie ein Stück begleiten?«, fragte ich.
»Ich habe nichts dagegen«, sagte Cotta.

Eine kleine Lokomotive, ein Personenwagen, das war der Zug. Die beiden saßen mir gegenüber. Wir fuhren. Das Rollen war sehr laut. Bibi hatte den Arm um Cotta gelegt. Sie sahen mich ruhig an und schwiegen.
»Darf ich Bibi einen Augenblick allein sprechen?«, fragte ich.
»Bitte. Bibi bestimmt über sich selbst«, sagte Cotta.
Ich ging mit Bibi auf den Gang.
»Bibi«, begann ich, »was soll ich denn jetzt ohne Sie machen?«
»Meinen Sie, ich bin noch wütend? Aber Cotta ...

| *aufgeben*, hier: am Bahnhof abgeben

Cotta ist Ihnen böse. Ich muss mich nach Cotta richten.«

»Schicken Sie mir Cotta heraus. Ich werde versuchen mit ihr zu sprechen. Mit Vernunft!«

Sie ging und holte Cotta. Cotta kam. Ihr Blick war kühl.

»Was wollen Sie denn?«, fragte sie.

»Ich möchte mit Ihnen und Bibi Ferien machen.«

»Das verstehe ich nicht«, sagte Cotta, »wenn ich mit zwei Bekannten in die Ferien fahre, würde ich mir nicht noch einen Dritten suchen, mit dem ich bei Mondschein spazieren gehe!«

»Das ist doch etwas anderes«, sagte ich. »Das ist ... der Unterschied zwischen Mann und Frau.«

»Es gibt keinen Unterschied zwischen Mann und Frau«, sagte Cotta.

Nun, es war weder Zeit noch Ort, über den Unterschied zwischen Mann und Frau zu diskutieren. Der Zug rollte langsamer. Ich erinnerte sie an all die fröhlichen Stunden. Sie blickte hart. In letzter *Verzweiflung* sagte ich: »Cotta ... ich ... ich liebe Sie ...!«

Wir fielen aufeinander, denn der Zug bremste.

»Rex«, sagte Cotta. »Ihre *Eitelkeit* sagt Ihnen, dass wir Ihnen weglaufen. Adieu.«

Wir standen auf dem Bahnhof. Drüben waren die Zuggleise.

»Na, der Zug kommt ja gleich«, meinte Cotta. »Rex, Sie bleiben jetzt hier!«

Wir gaben uns die Hand. Der Stettin-Berliner Schnellzug kam herangefahren und hielt zwischen mir

die Verzweiflung, die Hoffnungslosigkeit
die Eitelkeit, die Selbstliebe

und den beiden. Türen gingen auf und zu. Nun sah ich
Cotta und Bibi nicht mehr. Der Zug begann zu fahren.
Alle Wagen rollten vorbei: der vorletzte, der letzte.
Weg war er. Aus, alles aus. Aber als die *Sicht* wieder frei
war – da standen auf dem leeren Bahnsteig Bibi und
Cotta und *lächelten* mich an.

So kehrten wir an die Oder zurück. Und nun wollten
wir nach Swinemünde. Also sahen wir uns bereits am
Nachmittag ein Motorboot an. Man könnte es mieten,
hatte die Wirtin gesagt. Ohne Schiffer, ohne Mann.
Warum denn nicht damit an die See? Wir liefen hin.
Wir fuhren in einem Fischerboot hinüber. Wir sahen
den Rettungsring. Wir kletterten an Bord und gingen
ins Innere. Da waren zwei lange Sitzbänke – wie in
einer unmodernen Straßenbahn.

»Hier schlafe ich«, rief Bibi. Cotta sah in die
Schränke und fragte, wie das mit dem Motor sei.

»Na, der Rex, der kann das doch«, meinte Bibi.

»Klar«, sagte ich.

»Und wo schläft Rex?«, fragte Cotta.

»Dahinten ist eine kleine Sitzbank. Wenn man
etwas darüber legt, ist das eine Art Hundehütte für
Rex, unseren Kapitän.«

Wir gingen an Land um den Besitzer zu suchen. Es
zeigte sich, dass der Bootsbauer am Ufer war. Bibi
meinte, Cotta solle den Mann mit ihrer exotischen
Schönheit weich machen.

»Sieh ihn mit deinen grünen Augen an!«, sagte
Bibi.

die Sicht, der Blick
lächeln, still lachen

»Unsinn«, sagte Cotta, »ich kann das nicht so gut wie du!«

»Ich bin doch durch meine Zöpfe *behindert*«, rief Bibi.

»Dem Mann geht es um das Geld«, sagte Cotta, »und nicht um deine Zöpfe.«

Wir gingen am Ufer entlang. Aber da lasen wir, dass der Mann »Pustekohl« hieß. Und nun stand unsere ganze Aktion in Frage, denn Bibi und Cotta bogen sich vor Lachen.

»Rex, nein«, sagte Cotta, »bitte gehe allein. Wir sind fertig, wenn der Name ein einziges Mal genannt wird.«

»Ja«, sagte Bibi ernst. »Ich werfe mich hin. Geh allein, Rex und wenn du es schaffst, bekommst du einen Kuss.«

»Also, von mir nicht, das ist klar«, sagte Cotta.

Ich ging zu dem Bootsbauer und sagte: »Ich komme wegen des Bootes. Ich habe gehört, das Boot ist zu vermieten.«

»Das Boot zu vermieten? Nein, nein ...«

Bibi und Cotta machten Zeichen: Viel Glück. Ich versuchte Herrn Pustekohls Herz weich zu machen. Da sagte ich: »Also, Herr Pustekohl, wie viel kostet das Boot. Wir wollen nach Swinemünde.«

»Swinemünde?« Fast fiel ihm die Pfeife aus dem Mund.

»Nur ein Stück den Fluss hinunter«, rief ich schnell.

Plötzlich flog ein Paket Zigarillos durch das Fenster. Cottas psychologische Munition, in Eile aus dem nächsten Laden geholt.

---

behindern, im Wege sein

Herr Pustekohl ging mit mir zur Tür um über den Preis zu sprechen. Da lag das Boot, wie ein kleiner Straßenbahnwagen.

»Sieben Mark«, sagte Herr Pustekohl.

»Sieben Mark – pro Tag?«

Ich hielt meinen Triumph zurück und sagte, ich käme gleich wieder.

Wir *tobten* wie die Wilden.

»Wenn wir die Übernachtung sparen ...«, rief Cotta.

»Und uns selbst alles kochen ...«, rief Bibi.

»Dann ist das keine Ausgabe ...«, rief ich.

Herr Pustekohl stand schon hinter uns und hatte unseren Freudentanz gesehen.

Am nächsten Morgen sollte es losgehen. Bibi und Cotta kauften ein und ich bereitete mich im Boot auf meine neue Kapitänsrolle vor.

Rums, die Tür ging auf. Bibi stürzte herein und sagte: »Hier ist ein Spirituskocher.« Cotta sei noch auf der Post.

»Herr Pustekohl macht das Boot fertig. Und Frau Pustekohl kauft Waschmittel für die Schiffsfahne.«

»Wo bleibt der Kuss?«, fragte ich. »Ich habe doch das Boot besorgt.«

»Hm. Eigentlich ja. Aber Cotta meint, man bezahlt nicht mit Küssen, Küsse verschenkt man.«

Und das sagt Cotta.

Nun kam Cotta. Bibi musste noch eine Besorgung machen. Ehe ich es merkte, war ich mit Cotta allein. Cotta stand vor dem Spiegel und kämmte sich.

»Gut mit Bibi unterhalten? Bibi sah so fröhlich aus?«, sagte Cotta.

| *toben*, wild herumspringen

»Hm. Eigentlich warst du der Grund. Du hast *gepetzt*. Du hast ihr erzählt, dass ich dir in der Bahn mein Herz zu Füßen gelegt habe.«

Cottas Gesicht wurde rot. Sie sagte: »Ich habe Bibi zu Rate gezogen, weil sie in solchen Dingen sicherer ist. Sie hat doch so eine Natursicherheit. Und ... und ich wusste nicht, ob du es ernst gemeint hast.«

»Du hättest mich doch fragen können.«

»Dich? Fragt man den Feind, ob seine Pläne Finten sind?«

»Was soll das heißen?«

»Strategie. Du bindest den Feind durch ein Manöver und hast in Wahrheit einen ganz anderen Plan im Auge.«

»Den Bibi-Plan?«

»Rex, ich rechne damit, dass man deine Manöver erkennt.«

»Von Manövern kann hier keine Rede sein«, protestierte ich.

»Bleib lieber auf Entfernung«, sagte Cotta.

Das bedeutete: *Scharmützle* nicht mit Bibi. Scharmützle aber auch nicht mit beiden. Lieber scharmützle überhaupt nicht – auch nicht mit mir allein.

»Das ist auch meine Meinung«, murmelte ich. »So war es ja von Anfang an gedacht.«

»Ha!« Sie hörte auf sich zu kämmen und warf mir im Spiegel einen Blick zu. Einen Eisenblick!

»Also, wenn du mich so ansiehst ...«

»Ich sehe *abweisend* aus.«

---

petzen, etwas über eine andere Person sagen
scharmützeln, hier: schöne Augen machen
abweisen, nein sagen

Das konnte stimmen. Aber ein Blick aus schönen Augen ist ein Blick aus schönen Augen. Und auf keinen Fall ein Mittel zur Entfernung.

»Mich wundert nur, dass der Spiegel noch nicht kaputtgegangen ist«, sagte ich.

»Nicht alle Gegenstände sind so leicht kaputt zu machen wie dein Herz«, antwortete Cotta.

Das war eine hässliche Bemerkung.

»Meine liebe Cotta«, sagte ich, wurde aber durch Bibis Rückkehr unterbrochen.

Ich ging in den Garten. Vorsicht, sagte ich zu mir. Vorsicht vor den beiden. Und vor dir selbst. Jungmädcheneitelkeit und Rivalität. Das hatte nichts mit Liebe zu tun. Das war Sport für sie. Ein *Tauziehen*, weiter nichts. Ohne den kleinsten Gedanken an eine ernsthafte Konsequenz. Du darfst dich da nicht engagieren, dachte ich.

Ach, aber was bedeuteten alle guten Pläne? Die Pläne waren nur ein schwacher Schutz, das wusste ich. Ein schwacher Schutz gegen eine süße Gefahr.

»Rex, Rex, ein Herr!«, rief Bibi.

Der Tag, an dem wir mit dem Boot losfahren wollten, war hell und sonnig. Ich stand in der Waschküche und rasierte mich. Ich war in Reisestimmung – und nun kam da ein Herr.

»Wer?«, fragte ich.

Die Tür flog auf, eine Kanne fiel um und da war er schon: mein Vetter Heia. Heinz-Arthur aus Bad Saarow. Heia, Parfümfabrikant mit Jägergesicht, bester

---

das Tauziehen, ein Sport, in dem man durch kräftiges Hin und Herziehen die Kräfte probiert

englischer Stoff im Uniformstil, Heia, der *Lebemann*.

»Da staunst du, was?« Er hielt seinen Kopf gleich unter die Dusche, denn er hatte die ganze Nacht in Berlin getrunken. In der Frühe war er auf die Idee gekommen in seinem Wagen hierher zu fahren.

»Wollte mal sehen, was du so machst. Donnerwetter, da hast du aber zwei hübsche kleine Mädchen.«

Ich hatte Heia per Postkarte gebeten für mein Alibi zu sorgen. Und das war der Erfolg. Wie würde ich diesen Mann nun wieder los? Ich lief zu Bibi und Cotta um mit ihnen Rat zu halten.

»Was will der Mann hier?«, fragte Cotta.

»Wie ich ihn kenne, kriegt er es hier bald satt. Wir dürfen ihm nur nichts von Pustekohls Boot erzählen«, sagte ich.

»Zwei Frauen hat er mit«, berichtete Bibi. »Die sitzen in der Wirtsstube.«

Wir versteckten die Flusskarte und baten die Wirtin ihm nichts von unseren Plänen zu erzählen. Dann begrüßte ich die Damen. Es waren zwei nicht ganz frische Produkte aus Heias Bekanntenkreis mit müden, ärgerlichen Gesichtern.

Heia bemerkte umso mehr Cottas und Bibis Frische. Er rief:

»Kinder, lasst uns fröhlich sein. Wir machen hier ein Fest, ein Tanzfest.«

Die Wirtin hielt Heia für einen großen Mann. Bibi und Cotta stießen sich an. Das war spaßiger, als sie es sich vorgestellt hatten.

»Wer holt jetzt etwas zum Frühstück?«, fragte Heia. Bibi bekam einen Zettel und Geld.

---

der *Lebemann*, ein Mann, der das Leben genießt

»Nimm das Rad«, sagte ich leise zu Bibi, »fahr gleich zu Pustekohl und bezahl ihm das Boot.«

Vor dem Wirtshaus stand Heias Mercedes, Jahrgang 27. Kinder spielten daran herum. Heia kaufte in der *Gärtnerei* Rosen und gab sie Bibi und Cotta.

»Mein *gnädiges* Fräulein, darf ich mir erlauben ...«
Bibi und Cotta wurden rot. Die Damen, die Heia Wuschi und Patschemädchen nannte, bekamen nichts. Bibi und Cotta warfen sich Blicke zu. Welch ein Triumph erwachsene Frauen *ausgestochen* zu haben.

»Und was ist jetzt mit dem Boot?«, fragte ich.

»Das Boot? Ach ja, das Boot. Es ist alles in Ordnung«, sagte Bibi.

Ich atmete auf. Vielleicht war der Tag noch nicht verloren. Vielleicht machten das die Rosen.

Der Herr Heia, ja, das war ein Mann! Bibi und Cotta sahen sich die Damen an. Bibi stieß Cotta an. Sie saßen wie im Kino. Ich war jetzt nicht mehr im Film.

»Passt auf, ich packe euch jetzt alle in meinen Wagen und wir fahren nach Swinemünde«, rief Heia. »Wir mieten ein Boot und fahren vielleicht ein bisschen nach Dänemark ...«

Bibis Hals wurde lang. Cotta sagte: »Ich kann nicht mit. Ich erwarte hier meinen Bruder.«

Bibi warf einen Zopf zurück und sagte: »Und ich bleibe bei Cotta.«

»Dann machen wir hier etwas«, sagte Heia, »ein kleines Tanzfest. Und nachher gehe ich gleich zur Partei.«

---

die Gärtnerei, ein großer Garten, in dem man Blumen pflanzt und verkauft
gnädig, lieb, geehrt
ausstechen, im Konkurrenzkampf überlegen sein

Das war Heia. Alles nur Spaß. Das ganze Leben, auch die Partei. Als er eines Tages merkte, dass er sich geirrt hatte, war es zu spät. Sie holten ihn aus dem Bett und erschossen ihn.

Wir fuhren an den Gartzer See. Heia packte uns alle in den offenen Wagen und fuhr in die Stadt, über die Brücke, an das grüne Ufer mit dem weißen Sand.

Ich lag mit den Damen im Sand. Plötzlich fuhr der Wagen über die Brücke zurück. Heia hatte Cotta und Bibi gekidnappt. Die Damen kamen in schlechte Laune und Wuschi fragte, ob ich Kindergärtner sei. Wegen der Schulmädchen. Cotta fanden sie elegant. »Ein kleiner Hollywood-Star«, sagte die Dame Patschemädchen. Bibi gefiel ihr weniger gut. »Eine Kuh aus dem deutschen Wald.«

Die Damen waren aber auch nichts anderes. Elegant? Ach, die armen Hühner. Ihre Blicke zur Brücke sagten genug. Jede hoffte von Heia geheiratet zu werden.

Die Kirchturmuhr schlug 12 Uhr. Ein Schiff fuhr vorbei. Da lag ich mit den Damen auf dem weißen Sand. Aber wo blieben Cotta und Bibi?

Aber dann kam der Mercedes zurück. Mit Paketen beladen stiegen Bibi und Cotta aus.

»Wir waren in Stettin, haben dort gegessen.«

Ein bisschen war Bibi *berauscht*. Heia hatte ihnen alles gekauft, was ihm in den Sinn gekommen war. Er hatte den guten Onkel gespielt.

»Und nun das Tanzfest«, sagte Heia. Die Damen Wuschi und Patschemädchen wollten lieber nach Berlin, endlich einmal ausschlafen. Doch Bibi und Cotta

| *berauscht*, zu viel getrunken haben

spitzten die Ohren. Tanzen? Bibis Fußspitzen bewegten sich schon ... Ein Fisch muss schwimmen. Ein Mädchen muss tanzen.

»Ich finde ein paar Leute und suche ein Restaurant«, sagte Heia. Seine Damen kamen auch mit. Bibi und Cotta hatten nur Trainingshose und Röcke. Da zeigten die Damen kameradschaftlichen Geist. Sie waren plötzlich wie Schwestern und das Wirtshaus war nun eine *Schneiderei*. Heia kaufte billigen Stoff, billige Schuhe und billigen Schmuck. In der Gaststube wurde skizziert und genäht. Ich störte überall.

»Rexchen«, sagte Bibi, »geh in den Garten und ruhe dich aus!«

Ich ging.

Neue Kleider schienen für die Damen wichtiger zu sein als das Kinderkriegen. Für Mädchen war das Sich-Schöner-Machen eine Realität. Jedes Mittel war recht. Auf den Effekt kam es an.

Und dann fuhren wir also zum Tanz in ein Restaurant an der Oder.

»Ich habe vorher ein paar Tanzbeine gesammelt«, sagte Heia.

Die Tanzbeine standen schon da. Es waren drei junge Männer mit Mädchen. Heia begrüßte sie wie alte Bekannte. Ob Monte Carlo oder Gartz – wichtig war der *Trubel*. Heia setzte sich zwischen Cotta und eines der hübschen Mädchen.

»Was trinken Sie?«, fragte Heia, »Mosel?«

Er fragte die eine junge Dame. Wuschi und Patschemädchen wurden zu Eis. Heia scharmützelte mit Cotta.

die Schneiderei, die Näherei für Kleider
der Trubel, das Lustigsein

»Tanzen!«, befahl Heia.

Bibi und Cotta waren aufgeregt. Auf dem Stuhl spielte ein Koffergrammophon. Ein junger Mann tanzte gleich mit Bibi. Ich tanzte mit Wuschi und Patschemädchen. Heia tanzte die ganze Zeit mit Cotta. Er hielt sie wie eine Glas*puppe*. Das hatte eine große Wir-

die Puppe

kung. Ich hörte, wie er ihr seine Pläne anbot: »Eine Autotour an die See ... Gleich morgen früh.«

Ich ging in den Garten. Die Dame Wuschi kam mir nach:

»Na, Junge«, sagte sie, »tut's weh?«

Wir hatten beide unseren Ärger. Ich wegen Cotta, sie wegen Heia.

»Was wollen Sie denn mit so jungen Mädchen?«, fragte Wuschi, »die suchen Trubel und Lustigkeit, mehr nicht. Bei mir ist es anders. Ich will Ihren Vetter heiraten und aus ihm und mir normale Menschen machen. Warum tanzen? Das ist ein Ideal für Ihre Schulmädchen. Die wollen etwas fürs Auge, aber nichts fürs Herz.«

Ich wollte das nicht hören, ging wieder zurück und tanzte mit Cotta. Ich hatte eine Wut auf sie.

»Dein Vetter ist nett«, sagte sie.

»So.«

»Er will mit uns an die Küste fahren. Das kann doch sehr lustig werden, nicht?«

»Sehr«, sagte ich bitter. »Und was wird aus Pustekohl?«

»Der schwimmt uns nicht weg. Vielleicht kommen wir noch mal her.«

Sie nahm Heias Arm und tanzte mit ihm davon. Ich sah mich nach Bibi um und tanzte mit ihr.

»Kennst du Cottas Pläne?«, fragte ich. »Sie will mit Heia an die Küste.«

»Wir mit?«, fragte Bibi zurück. Plötzlich sah ich alles um mich tanzen. Wir blieben stehen. »Gefalle ich dir mehr als Cotta?«, fragte Bibi.

Aber was war das? So still alles um uns? Wir drehten

uns um und *begegneten* Cottas Blick.

»Na, ihr zwei?«, fragte Cotta. Wir hatten ja nur getanzt.

Plötzlich sagte Bibi: »Hört mal, es donnert. Ein Gewitter.«

»Unsinn«, sagte Cotta, »habt ihr nichts gesehen? Sie jagen sich durchs ganze Haus.«

»Wer?«

In diesem Augenblick kam die Dame Patschemädchen herein und weinte. Sie sagte: »Heia hat mich geschlagen.« Sie weinte und nahm ein Weinglas, warf es hin. Sie warf sich selbst über den Tisch. Bibi kam erschrocken zu ihr hinüber. Draußen hörte man einen Kanonenschlag. Dort fand ich Heia, einen jungen Mann und einen ungeladenen Gast. Die beiden Männer hatten Flaschen gestohlen und Heia hatte sie dabei *erwischt*.

»Ihr *Schufte*!«, rief Heia.

Peinlich war, dass Heia gerade mit einem Mädchen in den Garten gegangen war. Heias Wut hatte Wuschi und Patschemädchen *herbeigelockt*. Heia gab dem ungebetenen Gast einen Schlag ins Gesicht, wegen der Flaschen, und die Damen gaben Heia einen Schlag, wegen des Mädchens. Und Heia gab Patschemädchen einen Schlag. Wegen des Schlages, den der von dem Mädchen bekommen hatte. So war der Kreis geschlossen. Ein Strom von Disharmonie jagte durch das Fest. Alles löste sich auf. Der Wirt rief nach Heia wegen der Rechnung.

---

begegnen, treffen
erwischen, finden
der Schuft, der böse Mann
herbeilocken, durch Rufe oder Zeichen heranholen

Wo waren Bibi und Cotta? Ich fand sie am Ufer.

»Eine Frau zu schlagen!«, rief Bibi wütend. Beide Mädchen rissen sich den Schmuck vom Körper und warfen die Rosen in die Oder.

»Von einem Frauenschläger will ich keine Rosen!«

Der Frauenschläger war das Schlimmste. Was er sonst mit den Damen machte, war Privatsache. Aber das Schlagen würde sie ihm nie verzeihen.

Ich ließ im Saal einen Zettel zurück: »Heia, wir gehen schlafen. Vielen Dank. Wiedersehen in Berlin.«

Dann traf ich mich mit Bibi und Cotta. Wir gingen durch die nächtlichen Gartzer Straßen. Zwei Uhr schlug es vom Turm.

Kurz ist der Schmerz und die Freude ist lang. Der Spaß war aus. Die Ferien fingen wieder an.

In der schönsten Stunde des Tages fuhren wir los. Unser schwimmender Straßenbahnwagen war mit Sachen gefüllt. Herr Pustekohl war zur Kontrolle ein Stück mitgefahren. Er hatte sich in einem kleinen Beiboot angehängt. In der ersten Flussbiegung machte er die Kette los und sah uns nach. Nun war er weg. Weg auch der Gartzer Kirchturm. Wir schwammen ganz allein in die Fremde.

Wir fuhren an Heias Tanzhaus vorbei.

»Schnell vergessen«, sagte Cotta klug. »Wer weiß, wo Heia seine nächsten Feste feiert ... «

»Bibi, sieh mal, da schwimmt mein Schmuck!«, rief Cotta.

Der Festschmuck, den sie in der Nacht in den Fluss geworfen hatte. Es war irgendwie symbolisch, aber Bibi sah kaum hin. Und plötzlich war sie verschwunden.

»Wo ist sie denn?«, rief ich unruhig.

»Auf dem Dach«, sagte Cotta.

Von da hörten wir Bibi rufen: »Rex, Rex, da fährt ein Schiff mitten durch das Wasser.« Die Richtung, in die sie sah, war fremd.

»Das ist sicher ein Schiff von Greifenhagen«, meinte Cotta.

»Da gibt es noch eine andere, eine östliche Oder.«

»Nur gut, dass die Schiffe alle da entlangfahren«, sagte Bibi.

»Hier fahren genauso viele«, sagte Cotta. »Warte nur!«

»Und Rex«, hörten wir Bibi sagen, »mir kommt unser Boot so groß vor. Ich habe das Gefühl, wir füllen die ganze Oder aus.«

Das Gefühl hatte ich schon längst.

Cotta rief: »Es folgt uns ein kleines Boot, ein ganz, ganz kleines Boot. Sieh mal!«

Es war unser Beiboot, das sich losgemacht hatte.

»Wir laufen auf Grund«, rief Bibi plötzlich.

Ein furchtbarer Gedanke. Kaum waren wir fünf Kilometer aus dem Hafen und schon war das Boot kaputt. Unsere Gesichter waren wie Pudding. Der Motor *rüttelte*. Dann ein Stoß und wir kamen ins freie Wasser. Cotta hielt von außen das Beiboot.

»H i l f e !!!«

»Rettungsring!«, schrie Bibi. Es ging noch einmal ohne. Wir hoben Cotta von der Außenwand und versuchten das Beiboot festzumachen. Es war ein hartes Stück Arbeit. Der Motor rüttelte weiter. Bibi stand am *Steuerrad* und passte auf. Während ich mit Cotta über

---

rütteln, schütteln
das Steuerrad, siehe Zeichnung auf Seite 42

dem *Heck* hing, kam ein Schiff von vorn, das erste Schiff, das wir auf der Oder gesehen hatten. Bibi stieß einen Schrei aus und fuhr los. Das Beiboot ließen wir fahren.

5 »Hilfe! Das Steuer funktioniert nicht!«, sagte Bibi. »Ich will ganz woanders hin!«

Das war klar. Denn wir fuhren direkt auf das Schiff zu. Ich warf mich an das Steuerrad, Cotta stieß in die Signal*tute*. Das Schiff drehte zur Seite – so weit es
10 konnte. Wir fuhren nur zwei Hand breit daran vorbei, hörten schreckliche Rufe und die Gefahr war vorbei.

»Wir sind noch neu in der Flussbranche«, sagte Cotta.

Wir suchten einen *Anlegeplatz* – zur Erholung und
15 um Trinkwasser zu holen. Ein Dorf sahen wir am linken Ufer. Da war ein richtiges *Bollwerk*. Wir steuerten es an. Das Manöver gelang nicht sehr gut.

Wir *prallten an* und fielen auf die Nase. Es gab ein hässliches *Knirschen*. Armer Pustekohl. Aber dann
20 lagen wir am Bollwerk.

das Steuerrad   die Signaltute

das Heck, der hintere Teil eines Schiffes
der Anlegeplatz, der Halteplatz für Schiffe
das Bollwerk, die Anlegestelle
anprallen, hart an etwas stoßen
knirschen, einen unangenehmen scharfen Ton von sich geben

Kinder sahen uns an. Sie sagten uns, der Ort heiße Mescherin. Dann hielten wir Rat, wie wir Pustekohl das erklären konnten. Das war die wichtigste Frage. Er wollte nämlich keine Bezahlung für mehrere Tage, weil er verhindern wollte, dass wir nach Swinemünde fuhren.

»Ich will aber den Gartzer Kirchturm eine Weile nicht mehr sehen«, sagte Bibi.

»Wisst ihr was? Wir flüchten. Wir schicken Pustekohl eine Postkarte aus Swinemünde und die Miete per Post. Aber was ist mit den Koffern? Die sind sicher heute Nachmittag angekommen.«

Die Koffer. Bibis und Cottas Koffer aus Berlin.

»Auf keinen Fall mit dem Boot zurück«, sagte Cotta.

Doch die Koffer mussten hierher. Da brachten uns die Kinder auf eine Idee. Sie erklärten, wir könnten hier nicht bleiben, das sei die Anlegestelle des Schiffes. Und das Schiff komme gleich, das Schiff Stettin-Gartz.

Nach kurzer Diskussion beschlossen wir Bibi mit dem Schiff zurückzuschicken. Sie sollte sich an Pustekohl vorbei*schleichen* und die Koffer holen. Das war die beste Idee. Kapitän Rex sollte beim Boot bleiben und Cotta war nicht stark genug die Koffer zu transportieren.

»Ja, Rexchen«, sagte Bibi, »ich komme dann erst morgen früh zurück, nicht? Und wo werdet ihr das Boot anlegen?«

»Ich denke, in einer *Bucht* hinter der Brücke. Da ist es sehr schön.«

»Romantisch«, sagte Bibi, in die Ferne sehend. »Na,

---

schleichen, leise und ungesehen vorbeigehen
die Bucht, ein Teil des Meeres, das von Festland umgeben ist

ja, Rexchen, es wird ja sicher sehr gemütlich mit Cotta. Und mir kannst du ein Gedicht machen. Und schicke Cotta früh zu Bett. Dichter müssen ungestört sein. Einverstanden?«

»Einverstanden«, sagte ich.

Bibi ging auf das Schiff, froh gelaunt. Sie hatte mich mit Schulaufgaben versorgt. Nun konnte nichts passieren.

Das Schiff fuhr ab und Bibis Zöpfe leuchteten wie das Korn. Ich war mit Cotta allein.

Cotta und ich fuhren unter einer Brücke hindurch und sahen nichts als Wasser, Himmel, Bäume und Wiesen.

»Da ist eine Bucht«, sagte Cotta.

Wir legten uns auf das Bootsdach. Cotta schrieb Tagebuch. Ich sah in meinen »Sterbenden Cäsar« und schrieb ein Gedicht für Bibi. Als ich zwei Verse fertig hatte, flog der Zettel davon und landete direkt unter Cottas Gesicht. Sie hielt den Zettel fest und sah nach dem Titel. »Die Oder! Machst du auch Landschaftsgedichte?«

»Es ist noch nicht fertig«, sagte ich. Sie gab mir den Zettel zurück. Mir war leichter ums Herz. Es war zu gefährlich Bibi unter den Augen der Rivalin zu bedichten. Cotta machte Spiegeleier. Es fehlte das Salz.

»Und ich hatte extra gesagt, sie sollte Salz kaufen. Hach, man kann sich nicht *auf* Bibi *verlassen*!«

Wir aßen ungesalzen.

Am Abend gingen wir spazieren. Cotta brachte das Gespräch auf das Zirkusmädchen, mit dem ich spazie-

---

sich auf jemanden verlassen, an jemanden glauben, ihm vertrauen

ren gegangen war.

»Ich verstehe nicht, was diese Person sich gedacht hat. Und was sich die Männer bei solchen Sachen denken? Es ist doch hässlich ein Mädchen zu ... zu ...«

»Zu ... zu ...?«

»... und es dann verlassen.«

»So ist das nicht«, protestierte ich. »Es war ein Vergnügen auf beiden Seiten. Und wenn man kein Kind mehr ist ... «

»Ich bin auch kein Kind«, sagte Cotta. »Ich würde nie ..., also das ist ..., also du solltest dich schämen.«

Cotta blieb stehen.

»Rex«, sagte sie. »Ich *ahne* es. Ehe Bibis Schiff zurückkommt, sind wir Todfeinde.«

»Und warum?«

»Du hast eine Zirkusmoral.«

»Und du zu wenig Erfahrung.«

»Das kann mir mein Großvater sagen, aber nicht du«, rief Cotta. »Wir gehen zurück zum Boot. Ich bin schlechter Laune.«

Es war schon ziemlich dunkel und nun fing es an zu regnen. Wir warteten schweigend unter Bäumen, aber der Regen hörte nicht auf. Das Boot war weit weg.

»Da ist eine *Scheune*. Vielleicht können wir da Schutz finden«, sagte ich.

Eine Leiter führte nach oben. Ich stieg hinauf. Cotta folgte. Das *Heu* ging bis zum Dach.

»Ich bleibe hier oben«, sagte Cotta.

Plötzlich ein Schreckensschrei.

»Was ist?«

---

ahnen, zu wissen glauben
die Scheune, der Holzstall eines Bauern auf dem Feld
das Heu, das getrocknete Gras

»Ich *rutsche*!«, rief Cotta.

Von oben kam eine Heulawine herunter. Ich fiel auf den Rücken und hatte plötzlich etwas im Arm – kein Heu, sondern Cotta.

»Lass mich los!«, sagte sie.

»Wie denn? Du liegst ja auf mir drauf!«

»Ach so.«

Wir lagen wie zwei Brötchenhälften. »Wer hat das Heu ins Rutschen gebracht?« fragte Cotta.

»Bibi bestimmt nicht«, sagte ich.

»Ich will ... »

»Küssen!«, murmelte ich.

Nach einer Weile sagte sie: »Bitte, wie ist das nur möglich, ich hatte keine Ahnung ...«

»... dass Todfeindschaft so süß schmeckt?«

Sie sank in meinen Arm. Man hätte die Szene in jedem Kino zeigen können.

»Warum sagst du mir nichts?«, fragte sie. »Du musst mir doch etwas sagen. Dass du mich liebst.«

»Ich liebe dich«, sagte ich. Ich hatte das Gefühl, dass ich es zu einem süßen Kind sagte. Wo war die erwachsene Cotta? Mit Bibi war es umgekehrt. Sie war den ganzen Tag ein Kind, hier wäre sie erwachsen gewesen.

»Seit wann liebst du mich?«, fragte Cotta.

»Seit ich dich zum ersten Mal sah, bei Tante Norma ...«

»Mich?«, sagte Cotta mit ganz heller Stimme. »Ich dachte Bibi!« Das hatte ich auch gedacht.

»Liebst du mich mehr als Bibi?«

»Ja«, sagte ich.

| *rutschen*, gleiten

Plötzlich gab es in der Scheune drunten einen furchtbaren Lärm. Jemand schrie. Ich stand auf, suchte Halt und fühlte einen Schuss im Bein. Der Bauer war verrückt geworden. Hinter ihm stand seine schreiende Frau mit einer Lampe. Wir kletterten durch das Heu und sprangen von der Leiter auf den Weg. Als wir an das Ufer gekommen waren, fragte Cotta: »Was ist mit dem Bein?«

»Es blutet, aber ich glaube, es ist nicht schlimm.«

Wir gingen am Ufer entlang, fanden das Boot und setzten uns hinein.

»Zeig mal das Bein«, sagte Cotta.

Ich *krempelte* die Hose *hoch*. Wir bemerkten, dass es wirklich nicht schlimm war, nur blutig.

Cotta holte Pustekohls Bootsapotheke hervor. Es war sogar ein rotes Kreuz darauf. Cotta machte mir einen Verband um. »So, und nun musst du das Bein hochlegen und stillhalten.«

Dann machte sie Tee. Plötzlich sagte sie: »Was machen wir mit Bibi?«

»Wir adoptieren sie.«

»Ach.«

»Wir können ihr doch nicht als Ehepaar entgegentreten«, sagte ich.

»Ich habe keine Angst.«

»Angst nicht, aber Ferien«, sagte ich.

»Wir werden ihr nichts sagen.«

»Gut.«

Dieses Versprechen war der Höhepunkt der Liebesnacht. Es folgte ein langes Schweigen. Endlich fragte sie: »Was macht das Bein?«

---

hochkrempeln, hochrollen

»Es blutet nicht mehr.«

Cotta legte sich schlafen. An ihrem Tagebuch schrieb sie nicht mehr. Und das nach diesem Tag!

Am Boot *gluckste* die Oder. Gluckste mit Wassern von der Ostsee, auch mit etwas Spreewasser, Warthe-Wasser. Das Boot *schaukelte* mein Bein und Cottas Schlaf und Pustekohls Tassen.

Und das Schiff, auf dem Bibi nachher losfahren würde, stand schon zwischen Schwedt und Gartz.

Ich machte das Licht aus.

Wir wachten erst auf, als Bibis Schiff laut tutete. Wir fuhren aus den Decken und Cotta rief: »Das Schiff!« Es war ganz nahe, legte schon an. Bibi stand am Hafen mit den Koffern. Und wir hatten sie nicht abgeholt.

Cotta sprang hinaus, ich folgte ohne auf das schlimme Bein zu achten.

Plötzlich sahen wir ein Mädchen. »Wo sind denn deine Sachen? Und die Koffer?«, rief Cotta.

Wir halfen Bibi auf unser Boot.

»Ich habe gesehen, dass ihr nicht am Hafen wart«, sagte Bibi.

»Wo sind die Koffer?«, fragte ich. »An der Anlegestelle?«

Bibi antwortete nicht. Sie warf einen schnellen Blick in die Kajüte. Dort sah sie unsere Decken.

»Es ist nämlich ...«, *stammelte* Cotta. »... und deshalb haben wir auch verschlafen, weil ... weil ...« Sie hätte sagen können: »Rex ist verletzt.« Aber Bibis Gesicht

---

glucksen, schluckende Töne von sich geben
schaukeln, regelmäßig hin und her bewegen
stammeln, beim Sprechen kurze Pausen machen

war ungemütlich. Jetzt sagte sie ganz ruhig: »Rex wird verhaftet.«

Wir wollten Bibi nicht glauben, aber die Einzelheiten waren überzeugend: Cottas Eltern hatten bei der Wirtin angerufen um zu hören, was die beiden Mädchen planten. Was für ein Hin und Her, einmal nach Hause, zwei Stunden später nicht nach Hause, und warum überhaupt Gartz und was war denn da so interessant?

Oh, die Wirtin hatte gesagt, die Damen und ihr Freund kämen aus der Freude gar nicht heraus. Erst waren sie im Zirkus, dann waren Freunde da ... großes Auto ... großes Tanzfest ... selbst gemachte Abendkleider ...

Als Herr Percotta das gehört hatte, war er – kurz entschlossen – nach Gartz gefahren.

»Ich dachte, er reißt mir den Kopf ab«, sagte Bibi, »weil ich euch allein gelassen habe.«

»Rex hat einen Schuss im Bein«, sagte Cotta. »Es passierte, als wir spazieren gingen.«

Bibi warf mir einen kurzen, prüfenden Blick zu.

»Rex, du steigst jetzt aus«, sagte Cotta. »Ich bringe das Boot mit Bibi zurück. Und das mit meinem Vater werde ich schon in Ordnung bringen.«

Cotta blickte mich fest an. Sie strahlte, aber nur einen Moment. Jetzt blickte sie wieder normal, das heißt – voller Angst.

Vor uns lag Pustekohls Bucht. Herr Pustekohl kam in einem Boot und half uns beim Festmachen.

»Tja«, sagte er, »tja, hm. Der Herr Minister Percotta ...«

»Wo ist er denn?«, fragte Cotta.

»Im Haus. Er telefoniert mit Berlin. Sie möchten

reinkommen.«

Ich bereitete mich auf eine Rede vor. Doch ehe ich den Minister zu Gesicht bekam, fuhr ein Landpolizist mit dem Fahrrad vorbei, stieg ab und sagte: »Sie da! Ja, Sie. Ich muss Sie mitnehmen.«

»Mit wohin?«

»Zur Wache«, sagte der Polizist ruhig.

Nicht mit Berlin, sondern mit der Gartzer Polizei hatte der Minister Percotta telefoniert.

»Ich verlange eine Gegenüberstellung«, sagte ich. »Ich habe nichts Strafbares getan. Ich kann es beweisen.«

»Das tun Sie auf der Wache«, sagte der Polizist. Sein Hund sorgte dafür, dass ich mitkam.

»Ich verlange den Mann zu sehen, der mich *angezeigt* hat!«

Man kann doch nicht verhaftet werden, wenn man eine Fahrt mit Cotta und Bibi macht.

»Sind Sie nicht heute Nacht mit einer jungen Dame in einer Scheune gewesen?«

»Ja, weil es regnete. Was ist dabei? Kommt es hier nicht vor, dass sich jemand bei schlechtem Wetter in einer Scheune unterstellt? Übrigens hat uns ein Bauer weggejagt. Er hat sogar geschossen. Hier ...«

»Das ist der Beweis«, sagte der Polizist. »Nicht schlimm, wie? Sonst setzen Sie sich auf mein Rad. Ich schiebe Sie.«

Der Polizist auf der Wache sah genauso aus wie mein Begleiter.

---

anzeigen, bei der Polizei melden

Als Erstes verlangte ich den Minister zu sprechen.

»Minister?«, fragte der dicke Beamte. »So einen gibt es hier nicht. Wir haben nur einen *Bürgermeister*.«

»Ich meine den Minister Percotta, der mich hierher kommen ließ.«

»Nee, nee«, sagte der Dicke, »Sie können mit mir sprechen. Ich spreche auch Deutsch.«

Ich schwieg. Worum ging es hier denn?

Der Polizist ließ sich Zeit. Durch das offene Fenster unterhielt er sich mit einer Frau.

»Was macht der *Olle*?«

Der Olle von der Ollen war krank.

»Wenn er wieder gesund ist, soll er sich mal meine Blumen ansehen. So, und nun zu unserem Fall«, sagte er zu mir.

Wann, warum, wie, wo. Personalien, Reisegrund, Begleiter. Er drehte die Fragen durch eine Maschine und die Antworten auch.

»Nach Gartz?«

Wo denn das Vergnügen da sei? Nur Verwandte kommen hier in die Stadt.

»Mit Pustekohls Boot sind Sie gefahren?«

»Ja.«

So. Richtig. Aha. Nun kommen wir der Scheune schon näher. Der Scheune von Herrn Priefert. Es handelt sich nämlich um den Schuss. Da habe die Frau von dem Bauern angerufen. Sie hat Sie heute früh auf Pustekohls Boot gesehen. Mit dem Verband, verstehen Sie? Sie hat Angst bekommen, ist gleich zum Wirtshaus gefahren um zu telefonieren. Der Bauer hatte in

---

der Bürgermeister, der oberste Beamte in einer Stadt
der Olle, der Alte

der Aufregung geglaubt, in seiner Scheune sei ein Verbrecher.

»Etwas Ähnliches habe ich mir gedacht«, sagte ich. »Ich habe kein Interesse *die Sache an die große Glocke zu hängen.*«

Ich wollte nur weg, nur weg.

Aber so schnell ließ mich der Dicke nicht weg. Er ließ den Bauern holen um ihn auch zu Protokoll zu nehmen. Jetzt kam er auf die Idee Cotta als *Zeugin* herzuholen. Aber ich rief:

»Nein, nein, bitte, die Sache ist klar! Wozu brauchen Sie eine Zeugin?«

»Die brauche ich um zu sehen, ob Sie der Mörder sind«, sagte der Polizist.

»Mörder? Aber die Dame lebt doch noch. Wie kann ...«

»Sie können der Mörder von Greifenhagen sein. Den suchen wir nämlich. Das ist der, der schon zwei Opfer in Scheunen ...«

Das wurde ja immer besser. Da öffnete sich die Tür und der Bauer Priefert kam mit seiner Frau herein. Jetzt rettete er die Situation. Eigentlich war es mehr seine Frau. Sie sah mich an und rief:

»Nun sieh mal, auf so einen Jungen hast du geschossen.«

Herr Priefert gab mir die Hand und sah ziemlich *kläglich* aus.

»Das war nur seine Angst«, erklärte Frau Priefert. »Wenn er Angst hat, ist er nicht zu halten. Er hört etwas

---

eine Sache an die große Glocke hängen, eine Sache bekannt werden lassen
die Zeugin, eine Frau, die das Verbrechen gesehen hat
kläglich, traurig

in der Scheune, nimmt sein Gewehr und rennt los. Ich habe es ja gleich gesagt, es sind nur Liebesleute.«

Liebesleute! Sie rief es so laut, dass man es in der ganzen Stadt hören konnte. Aber Frau Priefert hatte gesagt, ich könne niemals der Mörder von Greifenhagen sein.

»Liebesleute«, rief sie wieder. »Junge Leute – und das Heu ist warm und weich.«

»Soll ich das aufschreiben?«, fragte der Dicke, nicht ohne Humor.

Der Landpolizist sagte: »Gehen Sie nicht unangemeldet in fremde Scheunen, auch nicht bei Regen. Und Herr Priefert, Sie müssen das Gewehr abgeben – leider!«

»Recht so«, sagte Frau Priefert.

Und ich war frei.

Aber der Mittagszug nach Tantow war weg und der Minister Percotta konnte mit Cotta und Bibi auch längst weg sein ...

5 Das Hotel »Schwarzer *Adler*« roch nach Mittagessen. Es war das beste Haus am Platz. Pustekohls hatten gesagt, dort sei der Herr Minister mit den Damen. Wenn er noch Appetit auf das Mittagessen hat, kann er nicht auf die beiden böse sein, dachte ich.

10 Ich ging unrasiert und mit dem Verband am Bein ins Hotel und stellte mich an die *Theke*. Da verlangte ich Bier. Ich wollte warten. Da sah ich die Tischbeine, die Mädchenbeine, die Ministerbeine. Cotta und Bibi hatten neue Schuhe an. Also musste der Koffer endlich da
15 sein. Kein Wort, nur das *Klappern* von Gabeln und Messern. Eine Weile sah ich den Füßen zu. Plötzlich sah ich Bibis Zopf um die Ecke. Sie warf ein Auge auf mich.

»Kommen Sie ruhig her!«, hörte ich die Stimme des
20 Ministers. Ich ging zum Tisch.

»Herr Cotta ...«, sagte ich.

»Ich heiße Percotta«, sagte Herr Percotta. »Auch meine Tochter heißt nicht Cotta, sondern Raffaela. Setzen Sie sich!«

25 Staunend bemerkte ich, dass ein Teller für mich da war.

»Man wollte Sie ins Gefängnis werfen?«, fragte der Minister.

---

der Adler, ein großer, gefährlicher Vogel
die Theke, der Tisch im Wirtshaus, an dem man das Bier bekommt
klappern, harte Töne wie Metall von sich geben

Ich berichtete. Von der Scheune sagte ich nichts. In meinem Ohr klang Frau Prieferts Schrei »Liebesleute, Liebesleute«.

»Nehmen Sie sich Braten!«, sagte er. Alles an ihm, seine Art, seine Größe, sein Gesicht – alles hatte etwas Erschreckendes. Ich versuchte die Situation zu verstehen. Was war passiert? Hatte Cotta geweint? Nein. Nein, auch nicht Bibi. Die Augen hielten die zwei Mädchen nach unten.

Der Minister machte sich eine Zigarre an.

»So«, sagte er, aber mehr sagte er dann nicht.

Nach dem Essen mussten Bibi und Cotta in die von ihm gemieteten Zimmer. Dort blieben sie bis zum Kaffee. Ich hatte mich inzwischen rasiert und wieder saßen wir schweigend am Tisch. Cotta und Bibi ziemlich fremd.

»Wann geht unser Zug?«, fragte er.

»Wir wollen doch erst ...«, sagte Bibi.

»Morgen, zwölf Uhr fünfzehn«, sagte Herr Percotta.

Das Mietauto war bestellt und kam gleich. Bibi und Cotta mussten hinten sitzen. Ich durfte neben Herrn Percotta sitzen, womit er mir sagen wollte, dass er mich zu den Erwachsenen rechnete, die Damen nicht. Der Minister blickte zum Fenster hinaus. Bibi und Cotta *flüsterten* nur. Der Minister schien es nicht zu hören.

Wir fuhren über die Brücke und blickten zurück auf die Stadt.

»Da ist das Schwimmbad«, sagte Cotta dünn.

---

flüstern, einem Menschen ganz leise etwas ins Ohr sagen

Der Minister wollte nicht baden. Er ließ das Auto halten und befahl den Mädchen auf die Wiese zu gehen.

»Und wir beide, wir gehen auf die Brücke.«

Jetzt wirft er ihn herunter, konnte man in Bibis Gesicht lesen. Jedenfalls hatte Herr Percotta für die Diskussion die Brücke im Auge.

»So«, sagte er. »Sie verstehen, dass ich herkommen musste. Nach dem Telefongespräch der Wirtin konnte man denken, der Ort sei hier der Treffpunkt der internationalen Unterwelt. Wir wussten doch nicht, wo Sie die Mädchen kennen gelernt haben.«

»Bei meiner Tante auf dem Familientag.«

»Ja, ja, ich sprach schon mit Berlin. Es stimmt. Ihre Tante war froh, dass die Kinderchen zusammen sind. Aber was dachten Sie sich eigentlich?«, fragte der Minister.

»Nichts«, sagte ich einfach.

Das überzeugte ihn. »Gut«, sagte er.

Wir sahen Bibi und Cotta auf der Wiese. Von Feindschaft keine Spur. Sie gingen Arm in Arm. Die Ministerkrise hatte sie zusammengebracht.

Herr Percotta sagte: »Verstehen Sie, alles hat seine Grenzen.«

»Herr Minister, ich versichere Ihnen ...«

»Mein lieber Freund ... Die kleine Bibi hat mir die Augen geöffnet. Als ich fragte: Was macht der Mann mit meiner Tochter auf dem Boot? Da sagte sie: Und wenn, dann *kratze* ich Cotta die Augen aus. Sehen Sie die Nuance? Ehrlich gesagt, junger Freund, es ist mir lieber, ich weiß, mit wem die beiden fahren.«

| *kratzen*, scharf reiben

»Herr Minister ...«

»Gut. Dann fahren Sie ruhig weiter den Fluss entlang.«

Bibi und Cotta kamen neugierig heran. Bibi versuchte in unseren Gesichtern zu lesen. Der Minister befahl: »Zum Auto!«

Bibi sah mich an, doch ich riskierte keinen Blick. Herr Percotta und ich gingen langsam. Bibi und Cotta blieben hinter uns zurück. Dann sagte der Minister: »Ach so, ja, ihr könnt also morgen wieder auf das verrückte Boot. Meinetwegen mit dem jungen Mann. Aber mein Stock kommt symbolisch mit.«

Ein paar Schritte gingen Bibi und Cotta noch sehr gemessen hinter uns her, doch jetzt jagten sie schreiend quer über die Wiesen.

»Sollen sie«, sagte Herr Percotta. »Sie sollen denken, das Leben bedeutet Ferien und Sonne und Badestrand und Motorboot. Später ist es doch nur Krankenhaus.«

Und damit stiegen wir ein. »Die Damen, sie können laufen«, sagte der Minister. »Sie sehen ja, wie sie es können.«

Also fuhr ich mit ihm allein ins Hotel.

Als Cotta und Bibi im Bett waren, ging ich mit dem Minister zu Pustekohls. »Der hat so etwas im Blick«, sagte Herr Percotta, »das allein ist das Eintrittsgeld wert.«

»Mann, Mann, der Herr Minister«, rief Frau Pustekohl. Der Bootsbauer kam herein.

Ein Kasten aus Steinen, so einfach in den Garten gestellt, das war Pustekohls Haus. Vorn war der Fluss, hinten der Garten und der Acker. Und drinnen war eine gute Stube.

Der Minister fiel ins Sofa. Frau Pustekohl brachte Gläser. Wir hatten eine Flasche mit.

Herr Pustekohl hielt sich zurück, aber die Frau war doch zu neugierig. Sie wollte wissen, ob wir einig waren.

»Emma«, sagte Herr Pustekohl, »das ist so in diesen Kreisen. Der junge Mann ist kein anderes Holz, das habe ich gleich gesehen. Darauf kommt es an. Sonst hätte der Herr Minister sie ja nicht in das Boot gelassen.«

»Holz?«, rief der Minister.

»Ich meine, alle sind vom selben Holz«, sagte Herr Pustekohl. »Ich meine, deshalb passen sie zusammen.« Frau Pustekohl gefiel der Minister. Der sagte: »Na, denn prost! Woher kommt eigentlich der Name Pustekohl?«

»Ich«, sagte Pustekohl, »ich wünschte, die Alten hätten besser schreiben können. Früher hießen wir Potelkow, daraus wurde Postelkow und dann einfach Pustekohl. Wer weiß, wie man in hundert Jahren heißt.«

»Passen Sie auf«, sagte der Minister, »wenn ich aus dieser Gegend wäre, hätten die Kirchenbücher uns zu Verwandten gemacht. Von Potelkow zu Percotta ist es nicht weit. Das kann man leicht umtauschen.«

Herr Pustekohl brachte uns zur Tür. Frau Pustekohl rief, sie werde Wäsche für die jungen Leute waschen, Wäsche, alles, was gewaschen werden müsse.

»Wäsche ...!« Ihren Schrei hörte man noch in der Nacht.

Der Minister nahm meinen Arm und sagte: »Pustekohl ist die richtige Grundlage für die Schifffahrt. Na, dann fahren Sie ruhig. Ich kenne das jetzt hier. Und wenn die Mädchen etwas brauchen, sollen sie zu der Frau gehen. Ich bin beruhigt.«

Am nächsten Morgen stieg Herr Percotta in die Bahn. Er sah aus dem Abteil, in dem ich schon einmal mit Bibi und Cotta gesessen hatte.

»Grüß Mutti!«, sagte Cotta.

Der Minister gab Cotta einen Fünfzigmarkschein.

Der Zug fuhr. Wir winkten. Und dann warfen Bibi und Cotta ihre Masken ab und veränderten sich blitzschnell. Eine solche Veränderung hatte die Welt noch nicht gesehen.

Vier Stunden später schwammen wir schon kurz vor Stettin.

»Bibi, hast du Salz gekauft?«, fragte Cotta.

»Ja«, sagte Bibi fröhlich.

»Wo ist es denn?«

»Gleich links, auf dem Wandbrett.«

Cotta suchte. Ich stand am Steuerrad und blickte in den Himmel.

»Ich kann das Salz nicht finden«, sagte Cotta. »Wohin hast du es getan?«

»Na, gleich links, wenn man reinkommt.«

»Ja, aber wooo denn links?«

»Im Hotelzimmer«, sagte Bibi.

Darauf folgte eine wilde Jagd quer über das Boot. Die Fische mussten einen Schreck bekommen. Mit einem Wort, wir waren sehr *ausgelassen*.

An den Bootsfenstern zog Pommern vorbei. Cotta wollte steuern. Bibi wollte auf dem Bootsdach Kaffee trinken. Wir hoben den Tisch und die Stühle hinauf. Wir hatten die Oder zum Kaffeetrinken ganz allein für uns.

| *ausgelassen*, sehr wild und fröhlich

»Rex, da vorn geht es nicht weiter!«, rief Cotta. Wir fuhren auf einen kleinen Berg zu.

»Da ist kein Fluss mehr«, meinte Bibi. Aber das Land drehte zur Seite und die Oder war wieder da. Aber es kam ein Schiff von vorn. In Panik versuchten wir alles fest zu halten. Ein Schiff kam nach dem anderen.

»Die stellen sich ja in den Weg!«, rief Cotta. Aber nichts passierte. Die Bootsleute auf dem Schiff sahen unseren Kaffeetisch, den Kuchen von Frau Pustekohl, die Tassen und Bibis lange Beine.

Schöningen, Schillersdorf, Staffelde, ein paar Dächer am Ufer, nie gehört und nie gekannt. Davor Boote, dann Wiesen. Weiße Wolken hingen über dem Fluss.

Am linken Ufer sahen wir eine Häuserreihe. Wir wollten anlegen und ich nahm wieder das Steuerrad. Im letzten Augenblick sahen wir, dass ja die Möbel noch auf dem Dach waren. Cotta und Bibi packten die Sachen weg. Ich steuerte das Boot an die Anlegestelle. Plötzlich lag ich zwischen Ufer und Schiff.

»Was machst du denn da?«, rief Cotta.

»Ich spiele Wasserball«, sagte ich.

»Warte, ich helfe dir«, erklärte Bibi. Sie stellte den *Hebel* auf Rückwärts. Ich fiel ins Wasser und als ich wieder hochkam, fuhr das Boot mit Bibi und Cotta wie ein U-Boot an mir vorbei. Ich zog mich an einer Treppe hoch, aber die Mädchen fuhren wild im Kreis.

»Mit dem Fuß dagegen treten!«, schrie ich.

Bums! Stille. Der Motor schwieg. Ein Tritt von Bibi hatte ihn getötet.

---

der Hebel, der Griff, den man herauf- und herunterdrücken kann

Das Boot drehte sich langsam im Kreis. Ich sah mich nach einem anderen Boot um, aber keines war in der Nähe. Stattdessen kam ein Schiff. Himmel! Und was für eines! Und wie schnell. Zwei Schiffe sogar, nein, doch nur eines.

Bibi warf einen Blick auf das Schiff. Hier half nur noch wegsehen.

Aber was war das? Das Schiff bremste. Der Kapitän hatte die Mädchen gesehen und es stieß an unser Boot.

»Unser Motor springt nicht an!«, rief Cotta.

Da kam ein Mann über die Leiter und half uns mit dem Motor. Als er wieder lief, kletterte der Matrose die Leiter hinauf, drei Bierflaschen in der Hand. Meine Bierflaschen!

»Ich bin um viele Jahre älter geworden«, erklärte Bibi später.

»Ich auch«, meinte Cotta.

»Und was ist mit mir?«, sagte ich. »Mein Bier weggeben. Was soll ich jetzt trinken?«

»Du hast doch eben im Wasser genug getrunken«, rief Bibi.

Ich musste mich umziehen. Bibi und Cotta gingen zum Kaufmann und kauften vergessenes Salz und verschenktes Bier. Als wir losfahren wollten, wollte der Motor nicht mit. Er sprang nicht an.

»Wir springen ins Wasser und schieben«, rief Bibi.

Wir holten einen Mann um das Boot zu reparieren. Herr Giesemann kam und warf einen Blick in den Motor. Es gelang ihm und siehe da: Wir fuhren bis zur nächsten Ecke. Da blieb der Motor aber wieder weg. Fft ... Fft ... Fft ... Aus war es.

»Noch einmal Giesemann?«, fragte Cotta. »Wenn er das Ding nur immer für zweihundert Meter beleben kann, können wir ihn ja gleich für die ganze Fahrt mitnehmen.«

Allmählich war es Zeit zum Abendbrot. Wir zogen mit allem, mit Fleisch und Brot auf einen Berg. Oh, Wunder, das Oderland. Ein Tausendgrün, dazwischen Kanäle und kleine Flüsse. Hier waren wir mitten in der schönsten Landschaft. Lauter silberne Nebenflüsse. Rechts die Flüsse, noch nichts vom Meer. Aber links waren die Flüsse weg. Letzte Hafenstadt. Stettin! Dahinter das Meer.

Cotta fuhr mit Herrn Giesemann Probe. Der Motor ... Schweigen. Der Motor ging nicht mehr. Sie trieben mitten auf dem Wasser.

Bibi kam zu mir heran und sagte: »Rehex ...?« Das war ein bestimmter Ton. Ich musste aufpassen.

»Ja?«

»Mir ist etwas ins Auge geflogen.«

»Dann musst du zur Nase reiben.«

»Das tue ich ja schon die ganze Zeit.«

»Na und?«

»Es geht nicht raus.«

»Moment.« Ich legte den Löffel hin und stand viel zu dicht neben Bibi. Ich sah ihr ins Auge. Da war nichts. Ich drehte mich wieder um.

»Rexchen«, sagte Bibi, »Cotta ist weit weg.«

Ich drehte mich um und hatte – patsch – eine *Ohrfeige* im Gesicht. Ich setzte mich und verstand. Ach so. *Verschmäht!* Darauf stand der Tod. Das war klar.

»Du *Biest*!«, sagte ich.

---

die Ohrfeige, der Schlag aufs Ohr
verschmähen, nicht achten
das Biest, hier: schrecklicher Mensch

»Sprich in Küssen«, sagte Bibi. Schwachheit, dein Name ist Rex.

»Oh«, sagte Bibi, »mein Herz geht kaputt.«

Plötzlich, wie ein Ruf aus Vergangenheit und Zukunft, Cottas Stimme: »Rehex! Bibi!«

Cotta kam zurück, bemerkte aber nicht unsere Gesichter.

Am Nachmittag fragte Cotta mich: »Was hattest du denn mit Bibi?«

»Mit? ... Warum?«

»Man sieht ja Bibis fünf Finger auf deinem Gesicht.«

Sie trug die Scheune von Herrn Priefert noch im Herzen.

Am anderen Morgen war es mit der Gemütlichkeit vorbei. Heute wollten wir nach Stettin. Endlich waren wir da. Bibi fotografierte, die Straßen, mal mit Himmel, mal ohne Himmel. Dann suchten wir einen Anlegeplatz. Wir fuhren durch zwei Brücken. Plötzlich meldete Bibi: »Achtung, ein Polizeiboot. Passt auf, die schicken uns nach Gartz zurück.«

Bibi stieg auf das Dach und ließ ihre Zöpfe spielen. Aber das nützte nichts. Durch das Mikrophon hörten wir: »He, ihr da! Seid ihr bestellt?«

»Nein. Warum?«, schrie Bibi. Aber die Polizei verschwand mit der Bitte schnell wegzufahren. Schließlich fanden wir einen Platz an einer Hafeninsel. Cotta stieg in das Beiboot um zu fragen, wie wir an Land kämen.

»Hallo«, rief sie, »kann mir jemand sagen ...« Die Leute bemerkten sie nicht. Plötzlich rutschte sie ins Wasser. Ein Boot kam heran und fischte sie heraus.

Am Abend saßen wir in der Kajüte, tranken Tee und aßen kaltes Fleisch.

»Gute Nacht«, sagte ich, »Wie wäre es mit zwei Küssen?«

»Von wem?«, fragte Bibi.

»Von jeder einen.«

»*Genehmigt*«, sagten Bibi und Cotta gleichzeitig.

»Aber ich zuerst«, rief Bibi.

»Nein, ich zuerst«, sagte Cotta.

»Na gut. Erst du«, sagte Bibi. Das kam Cotta *verdächtig* vor.

»Aha, ich verstehe«, rief sie. »Den letzten Kuss nimmt er mit in den Traum. Nein, ich komme zuletzt.«

»Macht nur so weiter«, sagte ich. »Es ist wunderbar, wie sich die Damen um die Küsse schlagen.« Da wurde ich herausgeworfen und bekam keinen Kuss.

Ein nächtliches Licht lag über dem Fluss. Um fünf Uhr morgens fuhren wir zum Hafen. Bibi wollte gern Swinemünde sehen. Ich hatte nicht einmal Zeit zum Rasieren.

»Jetzt geht es auf See. Da brauchst du einen Bart«, sagte Bibi. »Kuss ohne Bart ist wie ein Ei ohne Salz.«

»Dann esse ich mein Ei lieber ohne Salz«, sagte Cotta. »Deine Bemerkung, liebe Bibi, ist ein Zeichen von erotischer Unkultur.«

»Liebe Cotta«, antwortete Bibi spitz, »Kultur – davon magst du ja etwas verstehen. Aber von Erotik?«

»Jetzt geht es um die *Nautik*«, sagte ich schnell. »Seht mal, da ist ein Leuchtturm!«

genehmigen, erlauben
verdächtig, zweifelhaft
die Nautik, die Seefahrtskunde

Ich gab Cotta das Steuerrad und stieg mit Bibi auf das Dach. Aber da begann der Wind. Rums! Die Tür vom Schrank flog auf. Wind und Wasser drehten sich. Plötzlich ging ein Fenster kaputt. Und wie sah der Himmel aus? Aber Cotta und Bibi wollten nicht umkehren.

»Da kommt schon ein Schiff. Wir sind nicht allein.«

Ich konnte nichts machen. Ich war mit meinen Sorgen allein. Der Motor lief. Aber der Wind drückte und wurde stärker, aber der Motor nicht. Wir kamen nur langsam voran.

»Wir müssten doch schon längst drüben sein«, sagte Cotta.

»Wir sind kein Schnellschiff«, sagte ich. Ich hörte den Lärm des Motors. Er machte ft – ft – ft und blieb stehen. Mein Herz auch für einen Augenblick. Jetzt drehte sich der Wind wieder. Das Wasser sprang. Wir fuhren wie verrückt. Bibi und Cotta kamen im Badeanzug herein. Ich hatte Mühe den Motor in Gang zu halten. Bibi und Cotta wollten ein Bild mit dem Fotoapparat machen, aber das Etui fiel ins Wasser. Da sah ich Cotta und Bibi mit den Köpfen über der Bootswand hängen. Sie versuchten das verlorene Etui zu fangen.

»Zurück!«, schrie ich. »Zurück! Ihr seid verrückt geworden, dumme Hühner! Seht ihr denn nicht ... «

Es ging alles so schnell. Die beiden zogen die Köpfe ein und wir fielen auf den Boden. Fast gleichzeitig sprang der Motor an.

»He«, sagte ich, »noch mal gut gegangen, was?«

Bibi und Cotta antworteten nicht. Bibi sah zur Tür herein und sagte: »Rex, Cotta fragt, ob wir richtig gehört haben ...«

»Warum?«

»Dass du uns dumme Hühner genannt hast.«
»Kann sein. In der Aufregung. Ich dachte, es würde etwas passieren.«
Cotta kam herein, ohne Schuhe wollte sie durch das kaputte Glas gehen. Ich rief: »Halt!«
Cotta blieb stehen und sagte: »Ich *verbitte* mir diesen Ton.«

verbitten, verbieten

Da machte das Boot einen Sprung und Cotta fiel beinahe ins Glas.

»Aufpassen! Fest halten!«, schrie ich. »Siehst du denn nicht ...« Und jetzt hatte ich »dummes Frauenzimmer« gesagt.

»Komm her, Cotta!«, sagte Bibi. »Lass ihn sich selbst anschreien.« Cotta ging. Sie waren sich wieder einig. Wasser kam auf das Boot. Cotta und Bibi saßen noch im Badeanzug. Und es war kalt geworden.

»Kommt herein!«, rief ich. »Zieht euch etwas Warmes an!«

»Wir sitzen hier ganz gut«, sagte Bibi unfreundlich.

»Gar nicht hinhören, wenn er was sagt.«

»So«, sagte ich, »ich zähle bis drei. Eins ...«

»Was will er?«, fragte Bibi.

»Zwei ...«, sagte ich

»Er zählt«, sagte Cotta.

»Zwei«, sagte ich noch einmal.

»Bei drei gibt es Ohrfeigen«, sagte ich. »Drei« rief ich mit Donnerstimme.

Da kamen sie herein. »Setzt euch da in die Ecke, wo keine *Scherben* sind.«

Sie gehorchten. Total wortlos.

»Ich hatte doch nur Angst um euch«, erklärte ich in sanfterem Ton. »Das müsst ihr doch verstehen.«

»Er hat uns mit Schlägen gedroht«, sagte Bibi. Ich konnte sagen, was ich wollte. Da half kein Erklären, keine Entschuldigungen und Bitten. Es war mit ihnen wie vorhin mit dem Motor. Sie sprangen nicht mehr an.

---

die *Scherbe*, das kaputte Glasstückchen

»Wir sind nicht gefahren um uns von dir herumkommandieren zu lassen«, rief Cotta. »Und in dieser Weise. Wir dachten, du hättest Kultur.«

»Ja, ein Mann, der schreit, ist aus für mich.«

Da wurde es mir zu viel. Ich sagte: »Ihr seid überhaupt keine Frauen. Kleine Mädchen seid ihr. Was wisst ihr denn von Männern? Noch ein Wort ...«

»Ich steige aus«, sagte Bibi, »nicht eine Sekunde bleibe ich hier in diesem Boot. Wenn wir in Swinemünde ankommen, ist es aus.«

Und Cotta sagte: »Dreh dich um. Ich will mich anziehen.«

»Am Steuer kann ich mich nicht umdrehen.«

»Dann lass mich vorbei.«

»Ich gebe euch die Sachen.«

»Fass meine Sachen nicht an!«, schrie Bibi.

Ich warf ihnen alles, was ich fand, in die Ecke.

»Wenn wir in Swinemünde ankommen, ist alles vorbei«, sagte Cotta.

»Schuhe anziehen, Scherben wegmachen. Es muss gepumpt werden«, sagte ich.

Sie gehorchten. Wir pumpten. Der Wind hatte uns aus der Bahn gebracht.

»Wir müssen die Koffer ins Wasser werfen«, sagte ich. Dann machte der Motor Ft – ft – ft und blieb stehen. Das Benzin war aufgebraucht. Reserve hatten wir nicht mehr und jetzt begriffen die Mädchen endlich, dass es keine Vergnügungsfahrt war. Bibi hielt sich am Dach fest, Cotta schlug die Glocke und ich stieß in die Signaltute. Es war ein merkwürdiges SOS-Trio. Endlich kam ein Boot, das uns etwas Benzin verkaufte. Cotta und Bibi redeten kein Wort mit mir. Ihr Stolz war jetzt stärker als ihre Furcht. Langsam kamen wir in den Hafen von Swinemünde. Wir machten das Boot fest und fanden eine Pension. Ein Zimmer für die Damen, ein Zimmer für mich.

Wir waren in Sicherheit. Das Bett war warm und weich, aber es fuhr mit mir auf und nieder, als wäre es das Wasser.

Am nächsten Morgen waren Bibi und Cotta mir nicht mehr böse. Was war geschehen? Ich ging zu einem Gärtner. Ich wollte den Streit mit Rosen zu Ende bringen.

»Rote«, sagte ich zum Gärtner, »das röteste Rot, das es gibt.«

»Es soll brennen, wie?«, fragte der Gärtner.

»Ich brauche zwei Sträuße, dieselbe Sorte muss es sein.«

»Für Mutter und Tochter?«, fragte der Gärtner.

»Es ist für zwei Damen, die nicht zusammengehören.«

»Tja,« sagte der Gärtner, »rot ist die Liebe, besonders bei Rosen. Man kann doch nicht zwei Damen rote Rosen ...«

»Die zwei Damen bekommen immer alles zur gleichen Zeit«, sagte ich.

Mit den zwei Sträußen ging ich zum Hotel, wo Cotta und Bibi beim Frühstück saßen. Ich schickte die Wirtin hinein mit den Rosen und wartete draußen. Die Wirtin kam zurück und gab mir ein Zeichen, dass ich hereinkommen könnte. Der Anblick war über alles Erwarten. Sie saßen am Kaffeetisch, frisch und ausgeschlafen und sahen mich durch die Rosen an.

»Rexchen«, sagte Cotta sanft. Sie gab mir die Hand.

Ich drehte mich zu Bibi. Auch sie hatte die Rosen vor dem Gesicht.

»Bist du noch böse?«, fragte ich.

»Ich?«, sagte Bibi. »Ich bin nie böse gewesen. Genauso wenig wie Cotta.«

Dann lachte Cotta und endlich lachten wir alle.

Nach dem Frühstück gingen wir auf die Post um Pustekohl anzurufen. Bibi führte das Gespräch. Das Gartzer Schiff hatte Pustekohl längst erzählt, was passiert war. Von den Scherben erzählte Bibi nichts. Herr Pustekohl sagte, wir sollten uns auf der Rückfahrt an ein Schiff hängen, dann ginge es leichter. Dann telefonierten Bibi und Cotta mit Berlin. Auch hier Harmonie. Harmonie.

Wir spazierten hinaus, in die Sonne. Ans Meer wollten wir heute nicht. Das Wasser stand uns bis zum Hals. Wir gingen in den Wald und machten Pläne für die nächsten Tage. Ich sagte zu allem ja. Wir legten uns unter Bäume, ich in der Mitte, Bibi rechts, Cotta links.

»Liebe Cotta«, sagte ich, »neben mir liegt, wie du weißt, das liebe Fräulein Bibi. Erlaubst du, dass ich ihr jetzt in die Augen sehe?«

»Na schön«, sagte Cotta.

Ich *beugte mich* über Bibi. Cotta *beobachtete* die Szene mit Interesse. Da sagte ich: »Liebe Bibi, neben mir liegt das liebe Fräulein Cotta. Erlaubst du, dass ich ihr auch in die Augen sehe?«

»Tief?«

»Tief!«

»Halbtief«, sagte Bibi.

Ich beugte mich über Cotta. Bibi beobachtete uns ganz genau.

Ich legte mich wieder richtig hin und sagte: »Ich heirate euch beide.«

»Also, das ist eine halbe und eine doppelte Liebeserklärung. Was soll die Einzelne damit machen?«, sagte Cotta.

»Es muss sich doch irgendwie machen lassen. Ich heirate eine von euch zur rechten und die andere zur linken Hand. Aber an Stelle der Doppelhochzeit bin ich mit einem Kuss zufrieden«, sagte ich.

»Augen zu!«, befahl Bibi. »Du musst raten, wer es war.«

---

sich beugen, den Oberkörper nach unten halten
beobachten, genau ansehen

Ich fühlte das Gesicht von Cotta über mir und einen unbeschreiblich zarten Kuss.

»Das war Bibi«, sagte ich.

»Wie kannst du denn das verwechseln?«, fragte Bibi.

»Ich habe doch noch keine von euch geküsst.«

»Augen zu!«, befahl Bibi wieder. Der Kuss war ziemlich ungeniert, aber Cotta zog sie an den Zöpfen zurück.

»Ja, wer war das nun?«, sagte ich, »das rate ich nie.«

»Jetzt bekommst du zwei auf einmal, von uns beiden einen«, sagte Bibi. Sie legte mir eine Hand voll *Kiefernnadeln* auf die Lippen. Ich sprang auf und *spuckte*. Als ich die Augen endlich offen hatte, sah ich vor mir einen älteren Mann.

»Ach«, sagte er, »ja, wirklich, sie sind es.«

Neben ihm stand eine Frau und ein dünnes Mädchen.

Bibi und Cotta standen wie zwei Steine.

»Barbara Rufus! Raffaela Percotta!«, rief das Mädchen. Bibi ordnete ihre Zöpfe und Cotta sagte: »Unsere Klassenkameradin Gerda Millbrat und ihre Eltern.«

die Kiefernnadel

der Strandkorb

| *spucken*, die Flüssigkeit im Mund von sich geben

Begrüßung.

»Ein Zufall, wie?«, rief Herr Millbrat. »Gerda wusste nicht ...« Die Augen ruhten auf mir.

»Mein Bruder«, sagte Bibi. Gleichzeitig aber sagte Cotta: »Mein Vetter.«

Nun wurden erst einmal alle rot. Auch Herr Millbrat. Er fragte gleich, wo Cottas und Bibis Eltern seien.

»Nicht mit ...?«

Schneller Blick auf seine Frau.

»Ach, tatsächlich?«, sagte seine Frau.

Ich erklärte, wir hätten Herrn Percotta erst vor kurzer Zeit getroffen. Nun verstanden sie überhaupt nichts mehr. Mir gefiel Herr Millbrat nicht.

»Der schreibt sicher gleich zwei Briefe nach Berlin«, sagte ich.

»Ach«, sagte Cotta, »ich rufe gleich meinen Vater an. Der kennt den Mann.«

Wir vergaßen die Familie Millbrat und saßen und lagen am nächsten Tag am *Strand*. An den *Strandkörben* sah man, dass es ein vornehmes Strandbad war. Um jeden Strandkorb war eine *Burg* aus Sand gebaut. Fast alle Burgen hatten einen Namen: »Eremit«, »Berliner Kindl«, »Berliner Bär«, »Burg Hyperion« und so weiter. Bibi ging schwimmen.

Ich saß mit Cotta am Strand und schrieb ein bisschen am »Sterbenden Cäsar«, der in Wahrheit »Klein-Willi mit dem großen Hut« hieß.

Dann kam ein Eismann. Cotta und ich aßen Eis. Und dann kam ein Zeitungsmann. Wir kauften eine Zeitung um uns die Eisfinger abzutrocknen.

Weit weg im Wasser sahen wir Bibis Kopf. Sie schwamm. Nach einer Weile kam Bibi zurück und war wütend, dass wir für sie kein Eis gekauft hatten. Sie suchte den Eismann und Cotta und ich gingen schwimmen. Der Wind trug uns ein Stück hinaus. Dann zurück zum Strand. Bibi rannte mit einem Eis in der Hand herbei.

»Kinder«, schrie sie, »heute Abend ist im Kurhaus ein großes Fest. Da müssen wir hin.«

Da müssen wir hin ...

---

der Strand, die Stelle am Wasser, wo man sich hinlegen kann
der Strandkorb, siehe Zeichnung auf Seite 72
die Burg, das Schloss

Natürlich war Cotta derselben Meinung. Jetzt hatten sie ja Kleider für ein Tanzfest. Sie hatten ja ihre Koffer.

Bei Tisch erinnerten sie sich an mich. »Was zieht Rex an?«

»Vielleicht hat die Wirtin ein Kleid für mich«, sagte ich.

»Hast du nicht noch eine Tennishose?«, fragte Bibi.

»Die ist kaputt.«

»Ich stopfe sie«, erklärte Bibi.

Nach dem Essen schickten sie mich zum Friseur. Ich ließ mir die Haare schneiden. Nach dem Abendessen wurde ich in der gestopften Hose und mit der neuen Frisur inspiziert.

Ich gehorchte.

»Na ja«, sagte Cotta, »es ist eben Rex, nicht?«

»Es geht«, sagte Bibi. »nun geh vor dem Haus auf und ab, bis wir fertig sind. Aber mach dich nicht schmutzig!«

»Ich gehe an das Wasser um nach dem Boot zu sehen«, sagte ich.

»Nach welchem Boot?«, rief Bibi. Pustekohls Boot hatten sie vor Aufregung vergessen. Ich konnte die Langeweile mit dem Nützlichen verbinden. Ich ging zum Hafen und blickte auf das Wasser. Und was sah ich? Ich sah, dass Pustekohls Boot halb voll Wasser war. Alle unsere Sachen schwammen in der Kajüte. Das Boot musste jeden Augenblick sinken. Wir hatten ein *Leck*, ein richtiges Leck.

Ich zog Schuhe und Strümpfe aus, rollte meine Hose hoch, warf die Jacke auf das Ufer und begann Wasser

---

das Leck, ein Loch im Boot

zu *schöpfen*. Während ich von Kopf bis Fuß schon ganz nass war, kam ein Boot heran, voll besetzt mit Marineoffizieren.

»He!«, schrie der eine Offizier. »Bist du der Schiffer von dem Boot?«

»Ja«, rief ich zurück.

»Das Boot liegt an meiner Anlegestelle. Ich kann da nicht rein. Verschwinde!«

»Jetzt geht's nicht, wie Sie sehen«, sagte ich. »Ich muss ja erst leerschöpfen.«

Das interessierte den Offizier nicht.

»Du denkst wohl, wir haben Zeit deinetwegen zu warten.«

Unter wilden *Flüchen* fuhr er weiter, während ich weiter schöpfte. Schließlich war das Wasser so weit heraus, dass ich die Pumpe benutzen konnte. Die Haare hingen mir im Gesicht, die Krawatte, die an der Pumpe hängen geblieben war, ging kaputt.

»Hallo?«, rief jemand hinter mir. Es waren Bibi und Cotta, beide in schönen Kleidern und weißen Handschuhen.

»Deine Hose!«, rief Bibi.

»Aber Rex«, rief Cotta, »wie siehst du denn aus?«

Das Wasser im Boot kümmerte sie in der Eile nicht.

»Ja, ums Himmels willen, was machst du denn da? Gerade jetzt gehst du auf das Boot?«

»Eine Stunde später wären die Fische auf das Boot gegangen«, sagte ich.

Bibi und Cotta überlegten. Dann Bibi: »Rexchen, wenn du Wert darauf legst, ziehe ich mich um und helfe dir.«

schöpfen, das Wasser herausholen
der Fluch, das böse Wort

»Ich auch«, sagte Cotta.

»Geht ruhig zum Fest«, sagte ich. »Ich werde es schon schaffen.«

»Aber nur, wenn du uns nachher nicht böse bist.«

Sie gingen. Wenn ein Mädchen zum Tanzen gehen will, kann ruhig ein Haus zusammenstürzen. Hauptsache: das Tanzhaus steht.

Die Leute am Hafen brachten mir ein Boot. Pustekohls Boot wurde zu einer nahen Insel gebracht, wo der Bootsbauer Delkow es reparieren sollte.

Als ich in die Pension kam, war es dunkel. Ich zog meine alten Sachen an und lief zum Tanzhaus. Das Fest war in vollem Gange. Im Garten, überall bunte Lichter und tanzende Paare. Bibi und Cotta sah ich nicht. Aber die Klassenkameradin Gerda und ihre Eltern. Sie saßen an einem Tisch und tranken Wein.

»Hallo!«, sagte das dünne Mädchen. »Hallo! Hier!«

Sie erzählte, dass Bibi und Cotta dort auch ihre Plätze gehabt hatten. »Geben Sie sich keine Mühe«, sagte das Mädchen, »die sind uns aus den Augen gekommen.«

»Ich verstehe die Eltern nicht«, sagte die Mutter, »Zwei solche Mädchen ohne Kontrolle zu lassen. Besonders die Barbara!«

»Hm«, machte Herr Millbrat.

»Sie kennen den Herrn Percotta?«, fragte mich die Frau. Ich sagte, wir kannten uns durch meine Tante. Tante war immer gut. Die Tante sei mit der Frau des Ministers bekannt. Bei dem Wort »Minister« lachte Herr Millbrat kurz durch die Nase.

Ich ging mit Gerda tanzen. Gerda war sehr neugierig. Sie war nicht hässlich, nur ganz weiß.

»Nicht so weit weg von meinen Eltern«, sagte sie. »Hier im Haus ist noch ein Tanzraum. Da sind sie. Schon die ganze Zeit mit denselben Tänzern. Die Percotta hat mir erzählt, dass Sie lange unterwegs sind. Sie trägt die Nase immer ziemlich hoch. Die Rufus nicht, aber die kümmert sich nur um das, was ihr Vergnügen macht.«

»Na, warum auch nicht?« fragte ich ärgerlich. Ich brachte sie an den Tisch und wartete, bis jemand anders sie um den nächsten Tanz bat. Dann lief ich schnell weg.

Ich war auf der Suche nach einem meergrünen Kleid und einer hohen Frisur. Da hörte ich aus einer Ecke:

»Wasser mussten wir schöpfen, Wasser, Wasser. Ich glaube, wir haben das ganze Meer ausgeschöpft, nicht Bibi?«

»Ja, und jetzt schöpft unser armer Kapitän das Wasser allein. Wir sehen ihn wahrscheinlich erst morgen wieder.«

»Irrtum«, sagte ich.

»Rex«, rief Cotta glücklich und Bibi sagte strahlend:

»Rexchen. Sehen Sie, meine Herren, das ist also unser Kapitän.«

Die Herren waren in Uniform.

»Du Armer«, rief Cotta. »Bis jetzt hast du Wasser geschöpft?«

»Ich habe mit Gerda getanzt.«

»Ist noch eine Dame da?«, fragte der eine Offizier. »Na, dann holen wir sie doch.«

Er meinte, dann hätten wir jeder eine Dame. Die Gerda für mich. Das hatte er sich gedacht.

»Unser Rexchen ist Dichter«, erklärte Bibi.
»Lyrik?«, fragte der eine Offizier.
»Rex schreibt Dramen.«
»Dramen?«, fragte der Offizier.
»Ja«, sagte Bibi, »unser Rex wird einmal berühmt.«
»Berühmt wird nur die *Verwandlung* in der ersten Szene«, sagte Cotta.
»Welche Verwandlung?«, fragte ich.
»Na, wie sich Klein-Willi in den sterbenden Cäsar verwandelt.«

Die Herren bogen sich vor Lachen.

»Kinder«, rief der eine, »ich schlage vor, wir wechseln das Gasthaus.«

»Einverstanden«, sagten Bibi und Cotta.

Wir gingen in ein Gasthaus, das ordentlich und ziemlich leer war. Der Abend wurde kritisch. Wie zwei Katzen spielten Cotta und Bibi mit mir. Sie ließen mich leiden, doch die Herren verstanden es nicht ganz.

Der eine sagte: »Kapitän Willi, sind Sie ein Mann?«

Ich fragte, wie ich ihm das beweisen sollte.

»Im Duell«, sagte der andere. »Im Duell um das Fräulein Barbara.«

»Um mich?«, rief Bibi. »Cotta, Cotta, hast du das gehört? Man will um mich kämpfen.«

»Rex will bestimmt nicht«, meinte Cotta.

»Es geht ja nicht um dich«, gab ich zurück.

»Mit Pistolen?«, fragte Bibi. Der eine Offizier lachte nur.

»Rexchen, würdest du auch mit Pistolen kämpfen?«

»Um dich?«

| *die Verwandlung*, die Veränderung

»Herr Kamerad, ich *stehe zur Verfügung*«, sagte der eine Offizier.

»Womit wird gekämpft?«, fragte Cotta.

»Wir kämpfen mit Champagnerflaschen«, sagte der eine.

»Halt!«, schrie Cotta. »Nein, ihr schlagt ihn tot.«

»Wir schießen nur mit *Pfropfen*. Jeder bekommt fünf Schüsse, acht Meter Entfernung, bitte.«

»Kann dabei etwas passieren?«, fragte Cotta.

»Das soll doch nicht deine Sorge sein«, sagte ich streng.

Ich warf noch einen Blick auf Bibi. Bibi war *begeistert*. Sie hätte sich lieber über meine *Leiche* geworfen, aber nie hätte sie auf ein solches Schauspiel verzichtet.

Ich sollte anfangen. Ich schüttelte die Flasche, wollte zielen ... plopp ... der Pfropfen sprang an die Decke. Dann der Offizier. Er schüttelte die Flasche etwas mehr. Plopp, batsch ... in mein Gesicht. Ich tropfte. Alles schrie. So ging es hin und her. Mit der vierten Flasche landete ich auf der Nase des Feindes. Das nächste Mal der Offizier: Peng ... batsch ... in mein Auge. Ich

 der Propfen

zur Verfügung stehen, zur Disposition
begeistert, überglücklich
die Leiche, der tote Körper

drehte mich im Kreis, musste die Hand auf das Auge halten.

»Aufhören!«, schrie Cotta.

»Erst noch das andere Auge«, rief der Offizier triumphierend. »Oder machen Sie Schluss?«

»Nein«, sagte ich böse.

»Rexchen«, rief Bibi.

»Ich bin nicht dein Rexchen!« Ich warf noch eine Flasche. Aber der Schuss ging daneben.

»Armes Opfer«, sagte der eine. »Kommen Sie wieder mit ins Gasthaus?«

Ich ging mit.

Dann gaben sie mir so viel zu trinken, dass alles um mich zu tanzen begann. Plötzlich war auch Gerda Millbrat da. Sie fragte mich etwas und ich erzählte ihr sicher viel zu viel. Aber daran war jetzt nichts mehr zu ändern. Ich bemerkte auch, dass Gerda vor Neugier jetzt immer wacher wurde. Da kam Frau Millbrats scharfe Stimme:

»Gerda! Wir gehen jetzt!«

»Ich auch«, erklärte ich. »Ich gehe an den Strand und nehme ein Sonnenbad.«

»Ein Mondbad!«, riefen die Offiziere hinter mir her. Ich ging in die Nacht hinaus. Ich war kein Mann in den Augen der Mädchen. Die zwei Offiziere waren Männer. Dafür sorgte die Uniform. Das Spiel war ernst. Bei Mädchen ist das so.

Ich legte mich in den Sand. Wie lange ich so lag, weiß ich nicht.

»Rex, Rex!«, rief jemand. Ein Schatten. Nein, es war kein Traum, es war Bibi. Wirklich Bibi.

»Rexchen, wir suchen dich überall. Himmel, machst du mir Angst.«

Plötzlich war auch Cotta da und sagte: »Hier bist du! So eine Mühe dich zu finden. Dreimal ist mir der Schuh stecken geblieben.«

Der sterbende Cäsar hatte jetzt nichts gegen zwei Küsse. Es war mir aber nicht möglich etwas von Bibi und Cotta zu sehen. Der Wein! Ich lag wie unter zwanzig Decken.

»Wie bringen wir Rex jetzt nach Hause?«, fragte Bibi.

»Es ist uns eine Ehre den Herrn Dichter zu tragen«, sagte plötzlich einer der Offiziere, die auch gekommen waren. Sie trugen mich in mein Zimmer und waren dann auf einmal weg. Und ich war mit Bibi und Cotta allein. Sie waren sehr aufgeregt. Sie hatten keine Erfahrung mit Betrunkenen. Sie zogen mir die Schuhe aus und legten mich auf das Bett. Mich weiter ausziehen wollten sie nicht.

»Hach«, sagte Cotta, »so ein Mann ist etwas schrecklich Kompliziertes. Ich habe nicht aufgepasst, wie viel er getrunken hat.«

»Er hat Kummer. Da trinken die Männer immer«, sagte Bibi.

»Kummer? Deinetwegen vielleicht?«, rief Cotta.

»Rexchen, kannst du dich jetzt selbst ausziehen?«, fragte Bibi.

»Ja«, sagte ich leise.

Als ich im Bett lag, kamen sie wieder. »Am besten, ich setze mich dazu und halte Wache«, meinte Bibi.

»Bibi, mir scheint, du hast auch zu viel getrunken«, sagte Cotta.

»Ein Betrunkener ist nicht krank. Er braucht keine Krankenschwester. Komm jetzt!«

Sie gingen.

Als ich am nächsten Morgen die Wirtin nach Bibi und Cotta fragte, gab sie mir einen Zettel. Darauf stand: »Rexchen, du kannst doch heute nichts machen, nicht? Setze dich also in die Sonne. Erhole dich. Wir sind mit S. und L. auf dem Wasser. Bibi und Cotta.«

Erholung? Ich ließ mir von der Wirtin ein Fernglas geben und ging zum Strand. Es war ein langes Fernglas, so lang wie ein Gewehr.

»Machen Sie nicht das verkehrte Auge zu«, hörte ich hinter mir. Es war Gerda Millbrat. »Sehen Sie nach dem Wetter?«, fragte sie.

»Ja«, sagte ich unhöflich.

»Dann sehen Sie aber in die verkehrte Richtung. Die Rufus und die Percotta fahren in dem Boot da!« Sie zeigte nach Westen. Ich sah die beiden Offiziere und ich sah Bibi und Cotta in dem Boot. Ich sah alles ganz genau.

»Schlechtes Wetter, nicht?«, fragte Gerda.

Die Wut stieg mir in den Hals. Dort schwammen meine beiden Flaschen Wein und hier saß eine Flasche Wasser. Der dicke Herr Millbrat wanderte auf und ab und passte auf. Der dachte wohl, ich wollte etwas von Gerda. Da ließ ich sie einfach sitzen.

»Guten Abend«, sagte ich, obgleich es heller Vormittag war.

»Gute Nacht«, sagte Gerda.

Nachmittags ging ich spazieren. Es wurde Abend, es wurde Nacht. Um elf Uhr riefen Cotta und Bibi aus Bansin an.

»Hör mal, Rex«, sagte Cotta, »wir sind hier fröhlich und vergnügt. Kannst du noch herkommen?«

Ich wollte nicht. »Rex, du bist ein *Spielverderber*«, und sie legte auf.

Diesmal sprach ich ernst mit mir selbst. Ich hatte kein Recht böse zu sein. Ja, wenn es sich um ein Mädchen gehandelt hätte! Ziehe dich aus der Affäre heraus, dachte ich. Also packte ich meine Sachen und ging am nächsten Morgen zum Hafen.

»Soll ich Ihnen tragen helfen?«, hörte ich eine Stimme. Es war Gerda Millbrat.

»Danke«, sagte ich, »es geht schon.«

Sie lief mit schnellen Schritten hinter mir her. Sie kämpfte zwischen Mut und Verwirrung. Ich tat, als sei

| *der Spielverderber*, ein Mensch, der anderen die Freude nimmt

sie gar nicht da. Doch ihre *Keckheit* wurde immer größer.

»Soll ich der Percotta und der Rufus etwas bestellen?«, fragte sie.

»Sie meinen Barbara und Raffaela?«

»Ich meine Bibi und Cotta«, sagte sie spitz. »Um die manche Herren so unglücklich sind.«

Die dumme Kuh erinnerte mich an meine *Offenbarungen* gestern Abend. Was hatte ich ihr nur erzählt? Sie wusste zu viel von mir.

»So«, sagte ich, »hier ist das Boot. Wenn Sie mitkommen wollen, kostet es fünf Pfennig.«

Ich stieg ein. Gerda blieb ohne Gruß zurück. Ich hatte das Gefühl alles falsch gemacht zu haben. Ich wollte aber nicht darüber nachdenken – ich musste mich jetzt um mein Boot kümmern.

Das Boot war in Ordnung, das Leck repariert. Dass die zwei Fenster noch fehlten, störte mich nicht.

»Heute kommen Sie gut herüber«, sagte der Bootsbauer Delkow, »das Wasser ist spiegelglatt.«

Gerade heute.

Ich fuhr noch einmal zum Hafen, weil ich Pustekohls Decken in der Pension vergessen hatte. Dann fuhr ich los. Morgenfroh tutete eine Sirene. Unter dem blauen Himmel, bewegungslos, standen viele weiße *Segel*. Keine *Welle*, die meine Flucht verhindert hätte. Aber ich fühlte mich leer, je weiter ich kam. Erst ein

---

die Keckheit, die Frechheit
die Offenbarung, die Erzählung über das eigene Leben
das Segel, die Welle, siehe Zeichnung auf Seite 86

Poltern unter der linken Sitzbank weckte mich aus meinem Traum.

Hallo? Was war das? Die *Klappe* bewegte sich. Unter der Bank kam eine Hand hervor.

»Heraus da!«, sagte ich, in der Meinung, es sei ein Junge, der sich dort versteckt hatte. Die Klappe flog hoch. Und heraus kam ein Kopf. Es war Gerda. Ich sagte eine Weile nichts. Dann: »Und in der anderen ist Ihr Vater?«

Gerda lachte.

»Ich werfe Sie ins Wasser!«, sagte ich.

»Tun Sie es doch!«, rief sie nur. »Dann erzähle ich in der Klasse alles, was ich gesehen und gehört habe. Mein Vater hat das auch gesehen. Ich rede so schlecht über die beiden, dass sie aus der Schule ...«

Ich ließ das Steuer los und ging auf sie zu.

das Segel

die Welle

das Poltern, der Lärm
die Klappe, die Tür im Fußboden

»Nicht!«, schrie Gerda. »Ich wollte nur Gesellschaft haben.«

»Denken Sie nicht, dass ich Ihretwegen umkehre«, sagte ich. »Es ist mir gleich, wie Sie wieder nach Swinemünde kommen. Was sagen übrigens Ihre Eltern?«

»Ach. Die sind heute auf Rügen. Man hat mich bei einer Freundin gelassen, aber die wird nichts erzählen.«

»Ich hoffe, sie tut es doch!« Ich hoffte auch, dass Gerda zu Hause Schläge bekommen würde. In meiner Fantasie sah ich mich aber schon mit Gerda am *Traualtar*.

»Sie unterschreiben mir später den Zettel, dass Sie ohne mein Wissen auf das Boot gekommen sind.«

»Bitte.«

»Und dass ich die ganze Zeit kein freundliches Wort zu Ihnen gesagt habe.«

»Das wollen wir erst noch sehen«, sagte sie und kletterte auf das Dach. Nach einer Weile kam sie herunter.

»Es ist so schrecklich heiß hier. Ich brauche ein Kopftuch.«

»Aber nicht das! Es gehört Bibi.«

»Ich bekomme einen *Sonnenstich*.«

»Wie kann man etwas bekommen, was man schon längst hat?«

Das war ein Kanonenschlag. Eine solche Bemerkung hatte sie nicht erwartet.

»Sind Sie zu Ihren Freundinnen auch so *gemein*?«

---

der Traualtar, der Tisch in der Kirche, vor dem ein Brautpaar heiratet
der Sonnenstich, Krankheit (Übelkeit und Kopfweh) durch zu viel Sonne
gemein, hässlich

»Wenn Sie mehr sagen, passiert ein Unglück.«

Sie wurde unsicher und sagte: »Ich will etwas essen.«

»Fangen Sie doch einen Fisch.«

»Vielleicht kann ich Ihnen etwas helfen?«

»Gehen Sie ans Steuer!«, sagte ich.

Sie kam heran, gab sich alle Mühe, aber sie war zu schwach und schrie: »Hilfe! Das Boot schwimmt weg!«

»Das war ja das, was Sie wollten. Geben Sie her! Machen Sie Essen!«

Es war klar, dass sie mir nichts recht machte.

»Haben Sie nun genug?«, fragte ich. Ich jagte sie in der Kajüte hin und her.

»An die Pumpe!«, befahl ich wütend. Gehorsam ging sie an die Arbeit.

»Ich kann nicht mehr«, sagte sie.

»Wer mitfährt, muss alles können.«

Plötzlich sagte sie: »Jetzt sind wir bald da.«

»Seien Sie froh, es war ja kein Vergnügen«, sagte ich.

Wir sahen eine freie Stelle am Hafen. Im selben Augenblick erkannte ich Bibi und Cotta zwischen den vielen Menschen am Hafen. Schnell hielt ich Gerda in der Kajüte zurück und versteckte sie. Wie eine Maus verschwand sie unter dem Sitz. Ich sprang vom Boot.

»Rex«, rief Bibi.

»Hallo«, sagte ich, »woher kommt ihr denn? Und so schnell?«

»Schnell? Du bist schnell. Wir waren in Bansin. Wir wussten ja nicht, wo du warst.«

Cotta war nicht so freundlich. »Guten Tag, Rex. Eigentlich müssten wir dir böse sein. Wo warst du denn?

Warum bist du nicht mitgekommen?«

»Ich wollte nicht das fünfte Rad am Wagen sein.«

Wir debattierten weiter, als ein Wächter kam und mir erklärte, das Boot müsse verschwinden. Es störe da an der Stelle. Und ehe ich darüber nachdenken konnte, schwamm das Boot im Hafen umher, mit Bibi und Cotta und Gepäck und Gerda in der Bank.

»Denke nicht, dass wir deinetwegen gekommen sind!«, rief Cotta. »In Swinemünde war es sehr teuer.«

»Warum seid ihr denn da nicht geblieben?«

»Pfui, Rex«, sagte Bibi, »ist das deine Begrüßung?«

Ich konnte ihr nicht sagen, dass ich nervös war, weil Gerda Millbrat in der Bank saß. Ich erklärte, dass ich unbedingt an Land müsse, weil ich ein Telegramm aufgeben musste.

Bibi setzte sich auf Gerdas Versteck. Da begann Gerda in der Bank um Hilfe zu schreien. Bibi sprang auf, die Bank öffnete sich und mit einem erschrockenen Gesicht kam Gerda hervor.

Bibi sah sie zuerst an, aber dann fing sie an zu lachen. Sie lachte immer mehr. Schließlich schrie sie so laut, dass Cotta hereinkam.

»Da!«, schrie Bibi.

»Ich wollte nur nach Stettin«, sagte Gerda.

Cotta lachte auch.

»Das ist ganz leicht zu erklären«, sagte ich. »Sie wollte ein Stück mitfahren und sie hat sich versteckt, weil sie dachte, der Vater stehe am Hafen.

Und dann machten Bibi und Cotta sich über Gerda lustig. Ich legte meinen Arm schützend um Gerda.

»Cotta, Cotta, sieh einmal, sieh dir das einmal an!«

»Gerda fährt mit dem Schiff zurück«, sagte ich.

»Ja«, sagte Gerda, »und ihr sagt meinem Vater

nichts?«

»Wenn du nichts in der Klasse sagst, werden wir auch schweigen.«

Und dann beschlossen wir, Bibi, Cotta und ich, zur Insel Bibiwerder zu fahren und dort etwas zu bleiben.

Als wir Stettin verlassen hatten, kehrten wir in die Arme der Oder zurück.

»Nun sind wir wieder zu Hause«, sagte Cotta. »Zu Hause« – das war der Fluss. Hier hatten wir die besten Ferien gehabt. Wir kehrten mit mehr Erfahrung zurück. Wir wussten, jetzt konnte nur noch eins kommen: Interesselosigkeit oder das Gegenteil: ein Ende mit Schrecken. Und da wir jung waren, wählten wir das Letzte.

Bibi sah sich die Hütte auf der Insel an.

»Ein prima Inselhotel«, sagte sie. Wir brachten unser Gepäck trotz des Regens in die Hütte.

»Da sind drei Tische«, sagte Bibi, »da kann jeder an einem Tisch sitzen, wenn wir uns streiten.«

Während es draußen regnete, machte Bibi den Ofen warm, denn es war kalt geworden.

»Bibi, was machst du denn da?«, fragte ich. Dicke Rauchwolken kamen aus dem Feuerloch. Cotta und ich liefen zur Tür. Bibi warf das Holz hin und folgte uns. Wir standen im Regen, während der Rauch über unsere Köpfe hinwegzog.

»Es brennt!«, rief Cotta, »du hast in der Hütte Feuer gemacht.«

Bibi erklärte, das ginge vorüber, aber es ging nicht vorüber. Im Gegenteil: Der Ofen ließ seinen Rauch nicht ins Freie, sondern in den Raum. Wir öffneten die Tür und die Fenster und warteten, bis der Rauch weg war. Es dauerte eine halbe Stunde. Das Resultat war eine schöne nasse Kälte. Aber zum Glück fanden wir ein *Ofenrohr* und jetzt konnten wir die Hütte heizen und Essen kochen. Wir kochten und lachten und wir taten alles durcheinander. Der Ofen *knatterte*, das Essen dampfte. Vergnügt setzten wir uns zu Tisch. Bibi hatte zwar wieder das Salz vergessen, aber das machte nichts. Das Essen schmeckte heute auch ohne Salz. Ich machte für uns einen Grog. Cotta nahm ihre *Geige* und spielte ein Lied, zu dem Bibi und ich zu tanzen versuchten.

»Woher nehmen wir die Musik, wenn ich auch einmal tanzen will?«, fragte Cotta.

»Ich mache auf meinem Kamm Musik«, sagte Bibi, »das klingt auch viel besser.«

Wenn ich Cotta aber zu fest in den Arm nahm, hörte Bibi auf zu spielen und legte eine kurze demonstrative Pause ein. Als der Grog getrunken war, hatten wir ein Schlafproblem.

»Wir schlafen auf den Tischen«, schlug Bibi vor. Das würde gehen.«

←—das Ofenrohr

knattern, in kurzen Abständen harte, schlagende Töne machen
die Geige, die Violine

Wir packten alles, was trocken war, auf die Tische, und jeder behielt eine Decke. Ich legte noch ein bisschen Holz in den Ofen und dann gingen wir zur Ruhe.

Stille und Gemütlichkeit. Nur von draußen hörte man die Bäume im Wind. Die Bäume und die Oder. Und der Regen fiel auf das Hüttendach.

»Rex«, sagte eine Stimme leise an meinem Ohr. Es war Cotta. »Sag mir, dass du mich liebst!«

Ihr Kopf lag an meiner Schulter.

»Komm auf meinen Tisch!«, sagte ich leise zurück. Sie gehorchte. Das Holz war überall zu hören. Wir lagen ganz still. Es war nicht praktisch. In diesem Augenblick brach der Tisch zusammen. Die Tischbeine brachen und der Tisch fiel auf den Fußboden. Dort lagen wir – oben oder unten – vor Schreck wie *gelähmt*.

»Au!«, rief sie. Ich hielt meine Arme fest um sie. Und so sah uns Bibi, die schnell ein Licht angemacht hatte.

»Cotta!«, schrie Bibi und dann stürzte sie sich auf Cotta.

»Meine Hand«, klagte Cotta. »Bibi, warte doch!«

Bibi wartete nicht.

»Sie tötet mich!«, rief Cotta.

»Bibi!« Ich versuchte sie fest zu halten.

»Lass mich los, Rex!«, sagte Bibi, »sonst kratze ich Cotta die Augen aus.«

»Rex, lass Bibi los!«, schrie Cotta.

Bibi sagte unfreundliche Worte zu Cotta. Ich zog an

---

gelähmt, steif, ohne Gefühl

Bibis Zöpfen. Da drehte Bibi sich um und schlug mir auf das Auge. Das war zu viel! Ich ging in die Knie.

»Was hast du mit meinem Rex gemacht? Du *Hexe*! Rex, was hat sie ...«

Bibi stand wie eine Mauer und sagte: »Ich bin eine Hexe? Ja, das bin ich wohl.«

Sie sagte es und ging aus der Hütte.

»Wohin geht sie?«, fragte ich.

»Wahrscheinlich ins Wasser«, sagte Cotta kalt.

»Rex, hast du Bibi Gedichte gemacht?«

»Ja«, sagte ich, »aus Spaß.«

»Rex, du bist ein *Scheusal*, du hast hinter meinem Rücken gespielt.«

»Aber ich habe mich doch längst entschieden. Ich habe dir gesagt, ich liebe nur dich.«

»Einen Moment! Wann hast du das Gedicht gemacht? Vor der Scheune oder nach der Scheune?«

»Nach«, sagte ich.

»Oh, oh, oh.« Sie setzte sich auf eine Bank. »Was war ich dumm!«

»Ich liebe dich, ich liebe dich mehr als alles andere, Cotta.«

»Rex«, sagte Cotta, »gib dir keine Mühe. Es ist aus. Mit Bibi ist es auch aus. Ich will Bibi nicht mehr sehen.«

Ich ging hinaus. Ich ging auf das Boot. Drinnen saß Bibi und fragte: »Ist das Cotta?«

»Nein. Ich.«

»Was willst du?«

»Mit dir sprechen.«

---

die Hexe, die alte, hässliche Frau in einem Märchen
das Scheusal, der schlechte Mensch

»Zwecklos«, rief Bibi. »Sage Cotta, ich will sie nie wieder sehen.«

»Es ist etwas passiert«, sagte ich, »lass mich einen Augenblick in die Kajüte.«

Sie ließ mich ein. Ich machte das Licht an.

»Es ist etwas kaputt.«

»Zwischen dir und Cotta?«

»Ja.«

»Also, du liebst Cotta. Warum hast du mir das nicht gesagt?«

»Ja«, sagte ich, »das war ein Fehler.«

Bibi schüttelte ihre Zöpfe. »Es ist mir klar, dass ein Mann in Cotta verliebt sein muss. Cotta ist schön. Ich bin nur hübsch. Aber wie kann man mich so belügen? Aber ich denke, zwischen dir und Cotta ist alles kaputt?«

»Ja.«

»Zwischen dir und mir ist es auch kaputt.«

Ich ging zurück in die Hütte. Cotta rief: »Ist Bibi da?«

»Nein, ich.«

»Nimm deine Sachen und gehe!«

Ich ging wieder hinaus. Wieder zu Bibi.

»Bibi?«

»Ja?«

»Deine Decke.«

»Danke.«

»Und Bibi?«

»Ja?«

»Darf ich auf das Boot? Cotta ist wie eine *Furie*.«

| *die Furie*, die wilde Frau

»Na, dann komm!«

»Ich liebe aber trotzdem Cotta.«

»Rexchen«, sagte Bibi, »ich bin heute schwach. Ein nettes Wort von dir und ich weine.«

Ich legte mich auf die andere Bank. Bibi sagte: »Also gute Nacht!«

Und nach einer Weile: »Rex?«

»Ja?«

»Du musst dir eine Decke holen.«

»Ich gehe nicht wieder in die Hütte.«

»Dann gebe ich dir etwas von meiner Decke ab. Komm ruhig her. Die halbe Decke liegt bereit.«

Ich legte mich darunter. Bibi weinte. Die Küsse waren wie Salz. Merkwürdig, so viele Tränen hatte sie.

»Ich weine immer nur wegen Cotta«, sagte Bibi. Die Tränen wurden zu Küssen. Ich konnte überhaupt nichts dafür.

»Dass du schwach bist, macht mir nichts«, sagte sie. »Ich liebe keine starken Männer. Ich bin selber stark. Ich bin ... bin ...«

Sie sagte nichts mehr. Nur einmal noch: »Rex, wir sinken. Oh, oh wir sinken.«

Dass diese Nacht unser Schicksal war, war klar. Ich erwachte aus dem schweren Schlaf, als Bibi neben mir stand.

»Rex, Cottas Vater ist tot. Das Schiff ist da. Bitte, bringe uns im Beiboot dorthin.«

Sie verließ die Kajüte. Im Hafen lag das Gartzer Schiff. Pustekohl hatte aus Berlin einen Anruf bekommen und war frühmorgens zur Anlegestelle gegangen und hatte dem Kapitän den Tod von Cottas Vater mitgeteilt. Der Kapitän hatte unsere Einfahrt in den

Hafen gesehen und er erzählte Bibi von Cottas Vater.
Nun hatte Bibi Cotta geweckt. Cotta war schon ganz
fertig. Das Schiff wollte beide mit nach Stettin nehmen.
Von da aus wollten sie den ersten Zug nach Berlin
nehmen. Ich fuhr Cotta zum Schiff hinüber. Dann
Bibi. Dann die Koffer. Ich lag mit dem Beiboot mitten
im Fluss. Bibi und Cotta standen eng beieinander, wie
damals, als ich sie kennen lernte.

Das Bild verschwamm. Das Schiff fuhr ab. Am
nächsten Tag fuhr ich nach Berlin.

Bibi und Cotta sah ich nie wieder. Dann kam die
Beerdigung. Und Bibi verreiste mit ihren Eltern gleich
weiter. Mit Bibis Eltern musste es Ärger gegeben
haben. Ich bekam noch ein, zwei Briefe: Bitte abwarten,
nicht melden!

Dann nichts mehr.

Cottas Mutter *löste* den Haushalt *auf*, wie ich hörte,
und ich zog nach Kiel.

Und dann wurde ich zu Verwandten nach England
geholt. Ich schrieb einmal an Tante Norma. Bibi sei
nicht mehr in Berlin, hörte ich. Da *gab* ich es *auf*. Die
neue Umgebung, das Studium im fremden Land nahmen
mir die Zeit. Und wie das so geht: Die Bilder wurden
blass, man ist jung. Man weiß nicht, dass die Bilder
eines Tages wiederkehren werden. Mit größerer
Kraft als vorher.

---

die Beerdigung, die Feier für einen Toten
auflösen, Schluss machen
aufgeben, aufhören

Beverly Hills, Kalifornien
Santa-Anna-Hospital im Park

Liebe Cotta.
Ich bin nun also kein Dichter. Ich habe Schlager und Filme gemacht. Die siehst du dir sicher nicht an. Dass ich Erfolg gehabt habe, kannst du an meinem Haus in den Bergen sehen. Es war neulich in der Zeitschrift »Film, Haus und Dame«.
Meine Karriere hat nicht in den Hollywooder Ateliers, sondern im Rollstuhl geendet. Mein Raucherbein macht mir Sorgen. Du bist Ärztin, du weißt also, was das bedeutet. Es ist aber nicht alles hoffnungslos. Ich mache schon wieder Pläne. Vor allem hatte ich Zeit zum Nachdenken. Meine Sekretärin hat dir das Manuskript geschickt, wie ich hörte. Und darin alles gesagt. Und doch, das eigentlich Wichtige noch nicht. Dass du dich gemeldet hast und dass ich hier hängen geblieben bin und dass ich mir manches überlegen konnte ... Du wirst überrascht sein ... Ach, kurz gesagt, ich will dich heiraten. Ich habe dafür sehr wichtige Gründe. Einmal ist es die kleine *Narbe* aus der Scheune von Herrn Priefert. Die Narbe wird mich zeitlebens begleiten und ich werde sie dem lieben Gott mit in den Himmel bringen. Die Narbe von der Oder. Und er wird sagen: Oder? Die ist doch weit weg.
Der zweite Grund: Auf der Oderinsel hast du von dem Tod deines Vaters gehört. Damals waren wir noch alle zusammen, als du deinen Vater das letzte Mal sahst. Der dritte Grund ist der, dass man das, was man zuerst geliebt hat, nicht verlieren soll.

| *die Narbe*, die bleibende Spur von einer Verletzung

Es ist ein Irrtum zu glauben, dass es kein Zurück gibt. Wir gehen alle pausenlos zurück und enden immer da, wo wir hervorgetreten sind. Das vierte Argument: Ich bin treu. Alle meine Freundinnen können dir *bestätigen*, dass ich immer treu war, denn ich habe sie alle verlassen.

Dein Rex

Luftpost
Von Stuttgart nach Kalifornien

Lieber Rex.
Bist du verrückt? Du bist immer ein Schauspieler gewesen. Ich dich heiraten? Rex, dir ist der Happy-End-Film zu Kopf gestiegen. Du musst aus diesem Kalifornien weg. Das rate ich dir. Ich habe alle deine Reisenotizen noch einmal gelesen. Sei ehrlich, Rex, hast du nicht mehr an Bibis Zöpfen gehangen? Ich glaube dir, dass du treu bist. Du hast Bibi die Treue gehalten. Aber Rex, was denkst du dir? Soll ich dich heiraten, damit du eine Erinnerung an Bibi hast? Soll ich mich das ganze Leben mit dir über Bibi unterhalten? Das ist nur eine Idee eines Luxuspatienten in Hollywood. Rex, ich bin eine realistische Person. Polizeiärztin. Mordkommission. Du hast nur Filmvorstellungen über diesen Beruf. Wenn ich nach einem langen Arbeitstag nach Hause komme und einen Brief aus Beverly Hills

| *bestätigen*, etwas für richtig erklären

finde, so ist das für mich Fantasie, aber für dich ist es Beruf. Lieber Rex, ein eiskaltes Nein.

Deine Cotta.

Liebe Cotta.
Ich habe keine andere Antwort erwartet. Ich bin aber eine geduldige Natur. Ich sage also dies: Dass du allein bleiben willst, ist nicht zu glauben. Du bist doch erst achtunddreißig Jahre alt, nicht? Nun schön. Du wirst doch einmal heiraten. Aber warum nicht einen Mann, der dich als Kind gekannt hat?

Ich will eine Frau haben, die gesehen hat, wie ich ins Wasser gefallen bin. Und die meine dummen Jahre nicht nur vom Erzählen kennt. Klein-Willi mit dem großen Hut.

Dein Rex

Lieber Rex.
Wir haben uns doch nur vierzehn Tage gekannt. Weißt du das nicht mehr? Aber es stimmt, die Fahrt war eine Schicksalsfahrt. Ich habe den einen Offizier geheiratet. Mein Sohn Thias ist also eine Erinnerung an diese Reise.

Doch das nur nebenbei. Ich erinnere mich, dass mein Vater dich gern mochte. Das ist das Einzige, was für dich spricht. Aber ich habe es jahrelang nicht vergessen können, dass du mich mit Bibi belogen hast. Ich hätte es nie gesagt, aber ich musste es jetzt sagen.

Cotta

Liebe Cotta.
Das klingt so ernst. Ich habe dich belogen? Ich habe dir doch alles ehrlich geschrieben. Mehr war es nicht.

Rex

Rex, du Lügner.
Ich meine nicht die paar Küsse, die du Bibi gegeben hast. Ich meine den Schluss deiner Geschichte, an die du dich nicht mehr erinnern kannst. Ganz typisch für deinen Charakter.

Cotta

Liebe Cotta.
Ich erinnere mich dunkel. Ich habe die Notizen ja seit vielen Jahren nicht in der Hand gehabt. Aber was ist das für ein Schluss? Entschuldigung, aber in Wirklichkeit war zwischen mir und Bibi gar nichts. Ehrenwort!

Rex.

Lieber Rex.
Das war also deine letzte Chance. Du hast sie verloren. Wenn du also in den nächsten Tagen einen Schock bekommst, an dem du wegen Herzschlags sterben würdest, wäre das nur eine gerechte Strafe. Kannst du mir übrigens 2000 DM leihen? Möglicherweise ohne Rückgabe. Oder hast du wegen deiner Krankheit keine Reserven?

Cotta

Liebe Cotta.
Ich habe mit zwei schlechten Filmen viel Geld verdient. Also habe ich Reserven. Das Geld ist abgeschickt. Ich hoffe, dass du kommst.

Rex

Liebe Cotta.
Der Schreck war groß. Ich saß in dem Garten, frühmorgens, als noch kein warmer Wind von Los Angeles herüberkam. Ich saß auf meinem Liegestuhl. Ich saß wie der Patient im Film. Und da kam das Krankenmädchen und sagte: »Please, ein Froilain«. Sie sagte es deutsch. Ein Froilain. Und hielt mir einen Zettel hin. Darauf stand:

Barbara Rufus aus Stuttgart
genannt Bibi

Ich hatte noch nicht begriffen, was darauf stand. Plötzlich hörte ich hinter mir einen schnellen Schritt. Das kannte ich doch? Ich sah ein fliegendes Kleid. Und dann stand sie still. Neugierig, neugierig, mit großen Augen. »Ja, wer bist du denn?«, fragte ich überrascht. »Na, ich bin doch die Bibi.« Ich hätte nicht zu fragen brauchen. Es war genau das Gesicht, die Nasenform, das ganze Gesicht. Und nun begriff ich, dass es nicht nur Bibis Tochter, sondern auch meine war. Liebe Cotta, ich gestehe nun also, dass ich gelogen habe. Es passierte in Pustekohls Boot, in der letzten Nacht. Nun ist Bibi also hier. Meine amerikanischen Filmfreunde sind begeistert von ihr. Viele Leute kommen und sagen mir, wie süß sie ist. In dem Brief, den du ihr mitgabst, lese ich, dass ihre Mutter nie den Namen des Vaters genannt hat – zum Trotz aller Familienkatastrophen. Und dass man sie ins Exil nach Ostpreußen schickte. Und dass du das Kind nach Kriegsende zu dir genommen hast. – Jeden Tag kommt Bibi zweimal, zum Frühstück und zum Tee. Und sie hat dieselbe Art wie ihre Mutter. Du hast das Kind zu dir genommen. Also hast du der Mutter verziehen. Du hast das Gesicht immer vor dir gehabt, obwohl doch auch so viel von mir darin ist. Und du warst trotzdem lieb zu ihr. Also musst du auch mir verzeihen.

Dein Rex

Vier Monate später:

Als *Vermählte* grüßen
Rex und Cotta.

Urlaubsfahrt auf Rex Luxusschiff »Pustekohl der Zweite«. Sonniger Tag.

    Cotta: »Bibi, Bibi, hast du Salz gekauft?«
    Bibi am Steuer: »Ja.«
    Cotta: »Wo ist denn das Salz?«
    Bibi: »Im Kajütenschrank.«
    Cotta: »Ich kann es nicht finden. Wo – sagtest du?«
    Bibi: »Na, im Schrank.«
    Cotta: »Aber wo denn?«
    Bibi: »Im Hotelzimmer vergessen.«

Rex, der Alte, der mit den Raucherbeinen auf seinem Schiff sitzt, lacht. Es kommt ihm alles so bekannt vor ...

---

die Vermählten, die Verheirateten

FRAGEN

1. Auf welche Weise lernen sich die jungen Leute kennen?
2. Warum beschließen sie an die Oder zu fahren?
3. Welche Vorbereitungen muss man für eine Reise treffen?
4. Wie kommen die jungen Leute nach Stettin?
5. Welchen Eindruck bekommen sie von den Menschen in Pommern?
6. Wie würdest du Bibis und Cottas Charakter beschreiben?
7. Warum verlieren sich die drei nach den Ferien aus den Augen?
8. Wie war die politische Situation Deutschlands im Olympiajahr 1936?
9. Wie ist heute die politische Situation an der Oder und in Stettin?
10. Inwiefern hat sich die Situation geändert?

AUFGABEN

1. Du willst mit einem guten Freund ein Boot mieten. Ihr geht zu einem Bootsvermieter und sprecht mit ihm über den Vertrag und den Preis!

2. Du willst zu einem Tanzfest gehen, hast aber keine passende Garderobe. Besprich das Problem mit deiner Freundin!

3. Du hast seit vielen Jahren einen guten Freund nicht gesehen und jetzt willst du die Verbindung wieder aufnehmen. Erfinde ein Gespräch!

4. Stelle dir vor, du bist Polizist. Du verhörst einen jungen Mann, der ein Fahrrad gestohlen hat!

SPRACHÜBUNGEN

1. Setze die Verben, die im unten stehenden Text vorkommen, ins Präsens:
   Der Brief roch nach Chanel.
   Ich las den Brief.
   Die Tante rief uns zum Abendessen.
   Die Tür flog auf, eine Kanne fiel um.

2. Finde die fehlenden Relativpronomen in den folgenden Beispielen!
   Sie hatte ein Parfüm ... nach Seife roch.
   Die Damen ... der Vetter mitgebracht hatte, waren müde.
   Das war der Festschmuck ... sie in den Fluss geworfen hatten.
   Es war das erste Schiff ... wir auf der Oder gesehen hatten.

3. Erkläre folgende Ausdrücke mit deinen eigenen Worten!

bestürzt sein	schmunzeln
toben	abweisen
die Eitelkeit	der Lebemann
die Gärtnerei	der Trubel
kläglich	ausgelassen